Znajoma z lustra

Roma Ligocka

Znajoma z lustra

Rysunki autorki

Wydawnictwo Literackie

Blask samotności
Już z dala
Ostrzega okręty i łodzie
Przed podwodną skałą
I mielizną.

O wczesnym wieczorze
Zapal
Swoją samotność.

R. Brandstaetter, „Samotność"

Dla Pani M.

Piękne motyle

Obudziłam się w środku nocy. A kiedy znowu udało mi się zasnąć, przyśniły mi się piękne motyle. Fruwały wokół mnie — łagodnie, bezszelestnie. Niektóre podpływały blisko, leciutko dotykały mojego policzka, włosów, wirowały, znikały, pojawiały się znów. Było ich bardzo dużo, ale nie budziły lęku. Skrzydła miały cieniutkie, miękkie, prawie przezroczyste, a jednak kolorowe: złote, różowe, turkusowe, delikatnie obrzeżone granatową smużką. Niektóre jaskrawoświetliste, inne bladozielone, pomarańczowe z czerwoną plamką w kształcie serca w środku albo liliowe... Były jak powiewne jedwabne sukienki. Były jak połyskliwy peniuar mojej mamy, który znam ze zdjęcia.

Był rok 1945 — zaraz po wojnie. Mama stoi otulona w miękki materiał, oczy ma uwodzicielsko przymknięte, włosy ufarbowane na platynowo, uśmiecha się i widać, że chce wyglądać jak gwiazda filmowa. Myślała wtedy, że jej życie będzie jeszcze piękne... Ale nie było.

Obudziłam się, ale motyle nie zniknęły, stawały się tylko coraz bledsze w świetle dnia. Zostałam sama. Zaczynał się nowy dzień.

Moje życie pewnie jest lepsze, łatwiejsze, niż miała je moja mama. Tyle że po prostu często nie mogę spać. Mężczyźnie, z którym przyszło mi dzielić poduszkę, przeważnie to przeszkadzało. „Znowu nie śpisz?", pytał, czując, że leżę z otwartymi oczami i wpatruję się w otaczającą nas ciemność. Czasem było w tym pytaniu współczucie, czasem zniecierpliwienie, rozdrażnienie nawet. Zrozumienia — nigdy.

Przespać spokojnie noc, która do tego właśnie człowiekowi jest dana, nie nauczyłam się nigdy. Noc, ojczyzna dobrych decyzji i mądrych wyborów, które rano objawiają się nam jak nowo odkryte, a źródło mają w zdrowym, spokojnym śnie — ta noc była zawsze dla mnie jak las, przez który musiałam się przedzierać.

Był czas, kiedy już zabrakło mi na to sił. Odkryłam wtedy tabletki — małe, niedrogie, skuteczne. Zapisał mi je lekarz, ale nie były lekarstwem. Mój Boże, ile godzin snu można było sobie zafundować za takie małe opakowanie. Jeden ruch ręką, łyk wody i już wszystko było dobrze — cała spokojna noc.

Budziłam się rano z chemicznym posmakiem w ustach, z głową pełną kłębów szarej waty zamiast myśli. Budziłam się z uczuciem, że kolejnego, nadchodzącego dnia tego brutalnego, pełnego ostrych kątów świata nie da się znieść ani pokonać. Obijałam się boleśnie o meble, zataczałam. Potem była już następna tabletka i jeszcze następne, po to żeby wszystko stało się znów miękkie, łagodne, łatwe. Mogło tak trwać do końca mojego życia i byłby to pewnie koniec dosyć szybki, gdyby nie to, że zbuntowałam się. Zrozumiałam, że nie chcę takiego chemicznego snu ani spokoju. Że lepiej nie spać wcale, niż zapadać się w sztuczny niebyt. Przepełnione cierpieniem noce zdawały się nie mieć końca.

Mój Boże, po co do tego wracam? Od przeszło dwudziestu lat nie dotknęłam tabletki. Sama myśl o tym, że mogłabym to zrobić, wywołuje dreszcz. Ale czy jestem uleczona? Nie wiem. Nigdy tego do końca nie wiemy. Raz już, w przerażającym zgiełku Nowego Jorku, prawie mnie dopadło. A drugi raz ostatnio, kiedy zmarła kochana przeze mnie istota. Chciałam sięgnąć… nie sięgnęłam. Jestem więc czysta, *clean* — jak to się teraz mówi — i czasem bardzo zmęczona tą ciągłą walką o sen. Wydaje mi się, że nauczyłam się z tym żyć.

Z wiekiem człowiek dobrze poznaje siebie, umie więc coraz lepiej z sobą postępować, ma już wypracowane różne swoje własne kruczki i sposoby. Może dlatego, kiedy już się to wszystko umie, tak nie chce się rozstawać z tym światem, z sobą samym.

A ja nauczyłam się przynajmniej zasypiać. Wieczorem — jak każdy — oglądam trochę telewizję, trochę czytam. Na późniejszy wieczór polecam wszystkim spokojne, nudne książki. Zawsze zastanawiałam się, po co tyle ich się wydaje. Teraz wiem: bo sprowadzają sen — piękne zadanie. Ale w końcu przychodzi ta chwila. Boją się jej dzieci, czasem także dorośli. Zgaszone światło, ciemność. Szczęśliwy, kto może wtulić się w ciepłe ramiona bliskiego człowieka. Pod warunkiem, że ten człowiek jest naprawdę bliski, że nie zapyta: „Dlaczego nie śpisz?", i że nie zaśnie, zanim usłyszy odpowiedź. Strasznie jest nie spać obok śpiącego. Równie strasznie jest czuwać w samotności. „Dosyć — mówię sobie. — Skargi, nie zapłacone rachunki, niesnaski rodzinne. Gotowa jestem zajmować się wami od rana do wieczora, ale teraz już nie". Teraz jestem już tylko ja, mój sen, moja wewnętrzna cisza.

Nauczyłam się opowiadać sobie bajki. Każdy z nas ma ulubiony pejzaż, jakąś rozkwieconą, rozgrzaną słońcem łąkę, nad nią kolorowe motyle, albo jakąś opowieść pogodną i radosną, która dobrze się kończy. Trzeba ją sobie opowiadać bez przerwy, aż do zaśnięcia, aż stanie się modlitwą.

Często jednak budzę się nagle wśród nocy. Nie zawsze jest to zimny strach i uczucie, że dzwonek do drzwi, że gestapo... Czasem to tylko nieokreślony lęk, uczucie chłodu, niepokój. Nawet jeśli za oknem świta i za chwilę zadzwoni budzik, staram się jeszcze wrócić na moją łąkę. Ci zaś, którzy teraz cierpliwie czytają o moich zmaganiach i lękach — niech śpią dobrze. Niech im się przyśnią piękne motyle.

Spal wszystkie kalendarze

„Czas leczy rany", mówią do mnie ludzie, którzy czytali moje książki albo coś wiedzą o moich przejściach z dzieciństwa. „Nie. Nie leczy", odpowiadam. Wprost przeciwnie. Przypomnijcie sobie jakieś najbardziej dramatyczne momenty z waszego życia (choć szczerze życzę, abyście takowych nie mieli). Czasem aż serce się ściska od takiego wspomnienia. Stare przeżycia jak bolały, tak bolą. Niekiedy nawet bardziej. Bo czas żadnych ran nie leczy, a już na pewno nie tych z dzieciństwa. A nieraz jeszcze solidnie nam później dokłada. Czas może tylko uczy nas rozsądniej obchodzić się z bólem, jakoś bandażować te rany. Żyć z nimi i tyle. Przyznaję, że złoszczą mnie takie porzekadła, zwroty, półprawdy, które przez to, że często powtarzane, wcale nie stają się prawdziwe, za to często obnażają pewne cechy naszego charakteru, które chcielibyśmy ukryć. Lenistwo myślowe na przykład albo brak wyobraźni. Ledwo się człowiek z takim potworkiem rozprawi, natychmiast pojawia się nowy. I truje.

Jest taki na przykład głęboko znienawidzony przeze mnie zwrot: „za moich czasów". Gdyby jeszcze posługiwali się nim tylko staruszkowie, to pół biedy, ale mówią tak często ludzie dwudziestoparoletni. Mówią trochę ironicznie, ale mówią. Czyżby więc „nasze czasy" to był okres między osiemnastym a, powiedzmy, dwudziestym piątym rokiem życia? Absurd. Kto tak mówi, nawet żartem, sam wypisuje się ze swoich czasów lub nie chce brać za nie odpowiedzialności. Dano nam w chwili urodzin nasze życie i całą ziemię. „Nasze czasy" są dokładnie od momentu narodzin do godziny śmierci. I ani chwili krócej. Nie dajmy sobie ani jednej godziny z tego odebrać. Mój jest świat, w którym żyję i mieszkam (i to nie tylko dlatego, że tu płacę podatki). Moje jest każde miejsce, w którym byłam czy będę, a nawet to, o którym jeszcze nie słyszałam. Moja jest ziemia, więc i czasy są moje. A jeśli bywa, że czegoś nie rozumiemy, z czymś nie dajemy sobie rady i nie do każdej wpuszczają nas dyskoteki (choć właściwie dlaczego nie?), to jeszcze nie powód, by łatwo rezygnować i mówić sobie, że mało mnie to obchodzi i niech się bawią beze mnie. Czasem kryje się też za tymi słowami podtekst, że „za moich czasów" było lepiej, ale „oni" to wszystko zepsuli. Tylko że oni — to my. I nie wyrzekniemy się obywatelstwa tego świata. Albo kolejne powiedzonka-potworki: „Takie jest życie" lub „Bierz życie, jakim jest". Przepraszam, dlaczego? Może czyjeś życie jest takie, a moje właśnie zupełnie inne. I nie muszę wcale „brać go, jakim jest" — a może będzie takie, jakim je uczynisz? Czyli co z niego zrobisz? Bardzo też lubimy mówić: „Jestem tylko człowiekiem". A czym chciałbyś być, amebą? Albo samym Panem Bogiem? Ja bym nie chciała. „Człowiek" zupełnie mi wystarczy. Bez „tylko". Najbardziej jednak pastwimy się nad czasem. Mówimy: „Czas ucieka", „Dzisiejsze tempo życia". Myślę, że czas uciekał zawsze tym, którzy nie umieli go wykorzystać. A tempo życia w każdych czasach było jednakowe i wcale się nie zmieniło. Zawsze jedni z nas dokądś się spieszyli, nieważne, czy samochodem, czy konno. A inni szli powoli. Rodziliśmy się, byliśmy dziećmi, a potem już tylko dojrzewaliśmy i dojrzewali. Raz szybciej, raz wolniej.

We wszystkich kulturach istnieją piękne przysłowia, złote myśli i utarte zwroty. Jedne z nich są mądre i prawdziwe, inne nie. Więc może sprawdźmy, co znaczą, zanim powiemy. Żeby nie manipulować samym sobą i nie siać zamętu we własnej głowie. Zastanówmy się też, czy niektóre z nich nie robią nam krzywdy.

Mówimy na przykład: „Zabijać czas". Zabijać? Przecież to zbrodnia. Zabijać te podarowane nam niepowtarzalne minuty, godziny i dni? Nasza mądrość powinna polegać na tym, żebyśmy wiedzieli, ile ten czas jest wart i jak wiele możemy z nim zrobić. Niechże więc on nam nie ucieka, niech nam go nigdy nie brakuje, no i nie zabijajmy go. Nie wpatrujmy się w zegarki i kalendarze, nie dzielmy go na przeszły i teraźniejszy. Bo nasza przeszłość, teraźniejszość, a może i przyszłość jest w nas jednocześnie. Może moglibyśmy po prostu żyć, jakby czasu nie było. Więc spal wszystkie kalendarze. Wszystkie kalendarze spal.

Daj mu, czego pragnie

Może kogoś tu rozczaruję, ale rzecz nie będzie o seksie. Będzie tylko o chwaleniu, o dobrych słowach, o wyrażaniu pozytywnych uczuć. Uderza mnie fakt, że my, Polacy, bardziej niż inni mamy dziwny wstręt do pochwał, do wyrażania uznania czy podziwu, do miłych słów. A kiedy słyszymy je skierowane do nas — nie umiemy właściwie reagować. Chwaleni przez znajomych, na ogół sztywniejemy i w panice zaczynamy się zastanawiać: „O co chodzi? Pieniędzy chce pożyczyć, z pracy mnie wygryźć, a może już tak źle wyglądam, że po prostu jest mu mnie żal?". Ja zaś może trochę na złość, a może dlatego, że już taka jestem, chwalę bez opamiętania, nieraz i na wyrost — tylko dla samej przyjemności chwalenia. Trochę może z potrzeby dzielenia się tym ciepłem, które w sobie dla innej osoby odkrywam. Zdarza się więc, że owa pod niebo przeze mnie wychwalana znajoma — kiedy jej na przykład oświadczam, że ma piękne usta (bo ma!) — lekko się ode mnie odsuwa. Wyraźnie czuję, jak rodzi się w niej niepokój: czegoś pewnie od niej potrzebuję — myśli — albo jestem fałszywa, a może po prostu ukryta lesbijka? Tylko jedna z moich przyjaciółek, osoba pod każdym względem nietypowa, reaguje rozsądnie: „Tak, to prawda, co mówisz — odpowiada po prostu — dobra jestem. Taką już mam karmę". Cokolwiek by zresztą ta karma miała znaczyć. Owa wspaniała kobieta zachwyca mnie także, kiedy nieraz słyszę, jak krzyczy na cały dom (a dom jest duży) do swojej ośmioletniej córeczki: „Natalko, kocham cię!". Myślę sobie, że owa Natalka nigdy tego nie zapomni. Będą jej te wspaniałe słowa towarzyszyły w dorosłym życiu, będą dodawały pewności i siły w trudnych chwilach — choć źródła tej siły nawet nie będzie sobie w pełni uświadamiać. A kiedy jej będzie źle, może sama do siebie krzyknie albo wyszepcze przed lustrem: „Natalko, kocham cię!". Dzieci, zwłaszcza małe, najlepiej reagują na dobre słowa, bo małe dzieci na wszystko jeszcze reagują rozsądnie. One bowiem przyjmują nasze słowa tak, jak zostały wypowiedziane, po prostu. Ale już doroślejsze dzieci naszego chwalenia często nie znoszą i kwitują je przeważnie syczącym: „Maaamo, przestań...". A szkoda.

Gdy byłam mała, chwalenie dzieci nie tylko nie było modne, ba, było wręcz nie do pomyślenia. Smarkaczowi nie należało przewracać w głowie oraz go nie rozpuszczać. Zresztą zdumiewające słowo, bo co to właściwie znaczy „rozpuszczać"? Ja mojego syna chwaliłam, kiedy się tylko dało i kiedy się nie dawało. Nie wiem, czy od tego urósł, ale w każdym razie nie zmalał. Co wyrosło z ludzi, których w dzieciństwie nie chwalono, nie wiem. Może, niestety, z niektórych nie wyrosło nic dobrego. Bo przecież największym dobrem, jakie człowiek może dać drugiemu człowiekowi — jestem o tym głęboko przekonana — jest dobre słowo. Tak naprawdę w głębi duszy pragniemy przez całe życie nie pieniędzy i nawet nie sławy. Człowiek najbardziej pragnie pochwały. Jest ona tym, co pozwala mu wyprostować plecy, spojrzeć bez strachu w oczy drugiemu człowiekowi. Popatrzeć przyjaźnie w lustro.

Wiem, że nie odkrywam tu rewelacji, że psychologowie takie sposoby postępowania z ludźmi dawno już poznali i nam zalecają. Ale skoro wszystko to teoretycznie tak dobrze jest znane, to dlaczego ciągle jeszcze tak trudno nam powiedzieć: „Wiesz, podoba mi się to, co robisz, podoba mi się twój głos, jesteś mądra, jesteś dobry, lubię cię". I nie chodzi tu o wręczanie od święta statuetek i odznaczeń, o celebrowanie jubileuszy czy imienin — w czym aż za gorliwi nieraz bywamy. Nie, chodzi o wypowiedzenie na co dzień, własnymi słowami i niekoniecznie z kwiatkami w ręce, słów uznania, wdzięczności, spontanicznej — czasem niczym specjalnym nie spowodowanej — serdeczności. Może to być na przykład zauważenie wysiłków męża, który najczęściej okropnie nas denerwuje, ale jednak czasem tak się stara. On też, choć duży i gruby (a może właśnie dlatego), chce być pogłaskany po głowie. Chwalmy więc. „Chwalmy Pana", jak śpiewano w Piwnicy pod Baranami. Chwalmy partnera, bliskich, naszych współpracowników, chwalmy wiosnę za to, że jest, lato — że przyjdzie, czytelników — że nas czytają, dzieci — że nas słuchają lub nie. A jak już nie mamy kogo chwalić, to stańmy przed lustrem i wychwalajmy sami siebie — głośno. Ja to ostatnio coraz częściej stosuję i muszę przyznać, że zdarzają się chwile, kiedy już tak się lubię, że po prostu za sobą przepadam. Dobry to sposób na siebie samego — mówią psychologowie — i tu akurat mają rację.

Innej wiary

Dzięki Niemu rozprostowałam plecy. Do dziś stoi na moim biurku to zdjęcie, podarowane przez przyjaciół: Papież przy Ścianie Płaczu w Jerozolimie wkłada kartkę papieru w szczelinę muru.

Tak jak i ja kiedyś, w tym samym miejscu... Płakałam, kiedy zobaczyłam Go wchodzącego do synagogi. Przecież przez większość życia dźwigałam ciężar swojego dziecięcego doświadczenia. Pamiętam moją bezradną wściekłość, rozpacz, łzy i to wykrzykiwane wielokrotnie zdanie: „Ty do nas nie należysz, bo wyście zamordowali Chrystusa". Wracałam do domu z pochyloną głową, pełna poczucia winy. Przyglądałam się mojej mamie: miała dobre, zatroskane oczy — ona na pewno nikogo nie zamordowała. Ojciec? Dziadkowie? Sami zostali zamordowani przez Niemców. A jednak ciążyła na mnie jakaś wina, z którą nie umiałam sobie poradzić nawet jako człowiek dorosły. Dopiero On sprawił, że wyprostowałam plecy. I nie tylko ja.

Mam takie dwa wspomnienia o Nim, dalekie, mgliste, niepewne. Kocham je i choć nie wiem, czy w pełni są prawdziwe, czasami o nich opowiadam. „Pani jest z Krakowa? — pytają mnie, szczególnie tu, gdzie mieszkam. — Czy widziała pani kiedykolwiek Papieża?"

Widziałam. Przedstawienie w teatrze, konspiracyjne, w jakimś prywatnym mieszkaniu, była jeszcze wojna. Mama zabrała mnie ze sobą, nigdy się wówczas ze mną nie rozstawała. Dziś wiem, że ryzykowała, ale ona tak kochała teatr. A może po prostu już nie mogła tego wszystkiego wytrzymać? Ciągłego strachu, ukrywania się. Może już musiała znaleźć się pośród ludzi. Nie wiem oczywiście, co grali. Pamiętam Jego sylwetkę, głos, rękę uniesioną w powietrzu. Recytował Słowackiego. Te wiersze zapamiętałam na zawsze, należałam później w szkole do „frakcji Słowackiego", będącej w opozycji do „frakcji Mickiewicza". A były to dla nas wtedy bardzo ważne sprawy.

I drugie wspomnienie: idziemy do bierzmowania w katedrze na Wawelu. Wszystkie, całą klasą. „Tylko Ligocka nie, bo ona jest innej wiary". Poczułam się, nie po raz pierwszy, obca, odrzucona. Ale poszłam. Wcisnęłam się. Biała bluzeczka, rozpuszczone włosy, nikt nie zwrócił uwagi. Wreszcie znalazłam się przy ołtarzu. Ucałowałam złoty pierścień. „Jakie chcesz mieć imię, dziecko?" Milczę. Popłoch, panika, brak tchu... ja przecież nie wiedziałam, że trzeba sobie wybrać jakieś imię... „Helena!", mówię wreszcie bardzo głośno wśród tej ciszy. Tak miała na imię pani, która podczas okupacji uratowała nam życie. Nie jestem dziś całkiem pewna, czy wtedy to był rzeczywiście On. Ale chcę myśleć, że tak, wierzę w to, i niech tak zostanie. Odtąd, kiedykolwiek jestem na Wawelu, widzę go przed ołtarzem.

Wiele lat później, już jako osoba dorosła, dobrowolnie zrezygnowałam ze spotkania z Nim. Być może jestem jedyną osobą na świecie, która to uczyniła, przynajmniej jedyną, o której wiem.

A było tak. Pewnego roku jedna z większych niemieckich gazet poprosiła mnie o rozmowę. W wywiadzie było między innymi takie pytanie: „Z którą ze sławnych postaci świata polityki i życia publicznego chciałaby pani porozmawiać i o czym?" Z żadną oprócz jednej — Ojca Świętego — odpowiedziałam bardzo szczerze (zawsze odpowiadam szczerze, uważam, że inaczej nie warto). Może bardziej po to, żeby Go posłuchać, ale i zapytać na przykład, jak sobie radzi w codziennym życiu z nienawiścią.

W dniu, w którym ukazał się wywiad, prawie już o nim zapomniałam. Spędziłam właśnie kilka godzin w szpitalu przy łóżku ciężko chorej bliskiej mi osoby. Wieczorem zadzwonił telefon: „Tu niemiecka sekcja Radia Watykan". Ktoś sobie ze mnie żartuje, pomyślałam. Byłam głodna, zmęczona, smutna, tego dnia nie miałam ochoty do żartów. „Przeczytaliśmy pani wywiad — mówił głos w telefonie. — Bardzo nam się spodobał. Papież planuje wizytę w Niemczech, więc chcielibyśmy pani to spotkanie z Nim umożliwić"... Zakręciło mi się w głowie, przysiadłam na skraju krzesła. Nadal sądziłam, że to żart niefortunny, niepotrzebny, podczas gdy ja przepłakałam cały dzień. Głos jednak przekonywał, że mówi poważnie, i czekał na potwierdzenie. I nagle zrodziła się w mojej głowie odpowiedź, jasna i oczywista. „Nie — powiedziałam. — Dziękuję bardzo. Ojciec Święty będzie miał tak mało czasu, więc może ja zrezygnuję. Jest tyle osób bardziej godnych"... I wydawać by się mogło, że teraz strasznie żałuję i że to jest puenta. Otóż nie. Wyobraziłam Go sobie wtedy umęczonego, już wówczas chorego, innego od wszystkich, ale jednak tylko człowieka. Przypomniałam sobie tego mojego ciężko chorego bliskiego w szpitalu, zdałam sobie sprawę, jak kruchy staje się człowiek... Pomyślałam o czekających na Niego tłumach tych wszystkich, którzy pragną Go pozdrowić, dotknąć, wyszeptać choćby swoje imię. To moje z Nim spotkanie ileż mogłoby potrwać? Pięć, siedem minut. Ukradłabym je komuś może choremu, może bardziej zrozpaczonemu niż ja. Poczułam się mała, niegodna. Stanąć przed Nim, żeby dygnąć, żeby zrobić sobie z Nim zdjęcie, które potem ukazałoby się w prasie...

Później przyszedł jeszcze list w tej sprawie z adresem, pieczęciami — autentyczny. Podziękowałam.

Od tego czasu rozmawiam z Nim często. Zadaję pytania, których wtedy nie mogłabym zadać. Spowiadam się z moich wątpliwości i zaniechań. I stale próbuję odgadnąć, jaką miałby dla mnie odpowiedź.

Pożądaj, ale nie zabijaj

Dziesięć przykazań. Temat wydaje się modny w tej chwili i lubi się pojawiać w rozmowach. Ale nie szkodzi, dopóki przykazania nie wychodzą z mody — nie jest jeszcze tak źle. A ja chciałabym zatrzymać się przy ósmym. Tym, co muszą liczyć na palcach, przypominam, że chodzi o niewystawianie fałszywego świadectwa. Czyli o opowiadanie o naszych bliźnich takich różnych, nieraz zupełnie przypadkowych, różności. Kiedy byłam małą dziewczynką (zaczyna się to jak bajka, ale zapewniam, że bajka była straszliwa), można było człowieka zabić jednym słowem... „Żyd". Wystarczyło powiedzieć: „To jest Żyd", i wtedy przychodzili panowie. I już. I tyle. Tak nauczyłam się bardzo wcześnie, że słowo może zabijać.

A kiedy byłam większa, choć bez przesady, bo bardzo duża nie byłam nigdy, i kiedy zostałam studentką — „modne" były inne słowa. Żartowaliśmy sobie wówczas cynicznie w gronie kolegów, że istnieją trzy określenia, którymi można wykończyć najwspanialszego nawet faceta. Wystarczy powiedzieć o nim, że jest gejem (wtedy nazywało się to inaczej) albo że jest szpiegiem lub alkoholikiem. I koniec. Mógł facet być mądry jak szatan — nie pomogło. „Pewnie tylko udaje — powiedziano by o nim. — Ale jak się bliżej przyjrzeć, to coś takiego miękkiego w sobie ma i za mężczyznami chyba się ogląda". Mógł patrzeć na nas niebieskimi, niewinnymi oczami dziecka. „A jeśli ma w rękawie mikrofon?". Szpieg! Albo: „Trzeźwy jak woda źródlana, ale w nocy pewnie samotnie chleje albo rano, jak wszyscy są w pracy". I już się facet nie wybronił — przywierało.

Miałam takiego znajomego, o którym zaczęto nagle powtarzać te wszystkie rzeczy naraz. Choć żadna nie była prawdziwa. Był on człowiekiem uroczym, utalentowanym i przystojnym. Ale już się nie uwolnił, choć rozpaczliwie się starał. Całe miasto szeptało — kiedy się zbliżał, szepty milkły. A w jego głowie te głosy zmieniały się w huk. Ogarniała go gorączka — próbował coś tłumaczyć. Aż w końcu wyszedł na dach domu, w którym mieszkał — a dom był wysoki — i skoczył. I nie poleciał, chociaż był orłem. Spadł i koniec. Czasem o nim myślę, był aktorem, czasem widzę go na ekranie. Pamiętam go do dzisiaj. Odtąd wszystkie żarty na temat bliźnich raz na zawsze się dla mnie skończyły.

Kiedyś, dużo dawniej, można było powiedzieć o kobiecie „czarownica". Na przykład o sąsiadce. To już wystarczyło. Wiem, bo kręciłam na ten temat film. Był sobie w XVI wieku wielki matematyk i astronom, nazywał się Johannes Kepler. Bardzo mądry człowiek, nauczał w Wiedniu. Matka jego mieszkała w małym wirtemberskim miasteczku. No i tejże mamie pozazdrościli sąsiedzi, że ma syna tak sławnego i pewnie bogatego. Powiedzieli więc o niej: „czarownica". Po czym wszczęto proces. Proces był krótki. Od razu zaczęto ustawiać stos i palenisko. Johannes Kepler, gdy się o tym dowiedział, wskoczył na koń i ruszył matce na ratunek. Pędził tak z Austrii do Wirtembergii ze dwa tygodnie albo i więcej, aż dotarł na miejsce. Zdążył ją jeszcze wyciągnąć z przygotowanego dla niej ognia i uratował, zanim spłonęłaby jak żywa pochodnia. *Happy end*.

„Czarownica", „Żyd", „szpieg"... słowa się zmieniają. Niektóre co innego już znaczą. Dziś na przykład nazwanie „gejem" już prawie nikomu nie zaszkodzi. „Czarownicą" też oczywiście nie. Teraz to nawet brzmi seksownie — przynajmniej w naszym kręgu kulturowym. Ale są za to nowe słowa o mocy zatrutej strzały, pistoletu czy kija bejsbolowego. Co jest w tej chwili wśród takich słów pocisków akurat modne, tego opisywać nie muszę, bo słyszymy to codziennie w telewizji. A siła rażenia z owego telewizora jest większa od czegokolwiek innego — jak bomba od procy. Czasami oczywiście stoi za tymi słowami prawda, a czasami nie. I w tym sęk. Bo zanim dowiemy się prawdy — przeważnie jest już za późno.

Mają własne niebezpieczne słowa wszystkie środowiska. Mają je sąsiedzi na wsi, mają w małych miasteczkach, ma je szkoła, ma je biuro. Wystarczy tylko chcieć rzucić fałszywe świadectwo, a słowo się znajdzie. Nie jestem księdzem, niestety — nie mam do dyspozycji ambony. Ale proszę i błagam — zastanówmy się, zanim coś powiemy. Albo tylko powtórzymy. Słowa bowiem są niezmywalne, mocniejsze od najtrwalszego kleju.

Jeśli już koniecznie chcemy grzeszyć, nie grzeszmy słowem — jest tyle innych sposobów. Tyle innych przykazań do przekroczenia. Bo przecież tych dziesięć wymyślono nie dlatego, że są dla nas oczywiste, tylko właśnie dlatego, że oczywiste nie są. Ojca i matki nie czcimy prawie nigdy. Kochamy ich lub nienawidzimy. Przeważnie nam przeszkadzają, czasem się z nimi przyjaźnimy, ale czcimy ich zazwyczaj dopiero po śmierci.

Zdarza się także cudzołożyć — ale można wrócić — i przeprosić, jeśli jeszcze jest kogo. Kiedyś pewien złodziej oddał mi skradzioną uprzednio torebkę, bo go sumienie ruszyło. I pięknie.

Jeśli pożądamy na przykład samochodu bliźniego swego — możemy sobie, w zależności od grubości portfela, kupić rower albo konia, albo zacząć ćwiczyć kulturystykę i już nam lepiej, i jemu też... Możemy chodzić na zakupy w niedzielę, choć w Krakowie akurat nie jest to dobrze widziane.

Tylko jednego, błagam, nie róbmy. Nie zabijajmy słowem. Ani oczywiście niczym innym.

Pomyłka

Wracam właśnie z kolejnej długiej podróży. To nic nowego. Stale dokądś jeżdżę. Tylko że tym razem była to podróż w czasie. Znalazłam się znowu w latach 1945–1946 w smutnym, ciemnym, jakby przerażonym powojennym Krakowie. Chodziłam za rękę z mamą: po błocie, zmarznięta, w przemoczonych butach. Stałam w kolejce po chleb, cukier, marmoladę. A potem przemierzałyśmy razem długie korytarze, czekałyśmy w poczekalniach, prosiły „o widzenie". W domu pakowałyśmy paczki dla ojca. Bo ojciec siedział wtedy w więzieniu. Dobrze, to było wtedy. Dosyć. Po co jeszcze raz przywoływać cienie przeszłości? Napisałam o tym książkę. Oczywiście nie pisałam tylko o tym, także o rzeczach miłych i wesołych, nawet frywolnych. Ale o tym też.

A kiedy ja pisałam książkę, siedząc sobie za granicą, w tymże Krakowie, w domu moich znajomych, pewnego dnia o świcie zjawili się panowie. Zjawili się po to, żeby aresztować ojca tej małej, ale kochającej się rodziny. Najpierw zrobili rewizję. Zaglądali do szuflad i szaf. Pakowali papiery i tatusiową komórkę. A jego córka, ośmioletnia dziewczynka, stała obok matki i przyglądała się. Miała na sobie różową piżamkę w kwiatki i drżała — bo o świcie zawsze jest chłodno. Zwłaszcza jeśli się nagle zostanie zbudzonym przenikliwym dzwonkiem do drzwi.

Potem panowie wyprowadzili tatę z domu, wsadzili do samochodu i odjechali. Na ulicy o tej porze nie było jeszcze nikogo i widziała to jedynie mała, niebieska hulajnoga dziewczynki, oparta o płot.

Kiedy później dziewczynka szła do szkoły, zastanawiała się po drodze, czy wiedzą już o tym w szkole, co powiedzą koleżanki z klasy, no i pani. Bo kiedy ma się osiem lat, to, co powie nauczycielka, jest oczywiście szalenie ważne. Ale nic nie powiedziała. I dzieci też nie. A potem w gazetach napisano o ojcu coś bardzo złego i wszyscy to czytali. Tylko dziewczynka nie. Nie chciała. Zatykała sobie uszy, kiedy o tym rozmawiali. Albo kładła się w rogu łóżeczka i głowę zakrywała kołderką.

O różnych ojcach jak wiadomo piszą w gazetach różne rzeczy: że złodziej, że oszust. Czasem jest to prawda, a czasem nie, tylko cóż ma z tym począć córka?

Minął pewien czas, długi czy krótki — nie wiadomo, jak to ocenić — i mojego znajomego wypuścili z więzienia. Okazało się, że wszystko było pomyłką. Po prostu. Czy przeprosili — nie wiem, ale wiem, że te przeprosiny nie interesowały już jego córeczki.

A ja wówczas pisałam książkę o tym, o wydarzeniach sprzed pięćdziesięciu lat. I spotykałam się znów z małą dziewczynką, którą byłam wtedy. I zrozumiałam, że nie jestem sama. W wielu polskich domach, i nie tylko polskich oczywiście, zdarza się, że ojcowie wczesnym rankiem wychodzą z domu. Jadą na wojnę jako żołnierze i czasem już nie wracają. Albo jadą, żeby tylko tę wojnę opisać lub sfotografować, i też nie wracają. Albo po prostu wychodzą z teczką do pracy i nie wracają, bo potrącił ich pijany kierowca. Niechcący.

Zdarza się też, że ojciec po prostu odchodzi, bo tak chce. Pakuje walizki i wyprowadza się, ponieważ stwierdził, że wspólne życie jego i mamy to była pomyłka — nieporozumienie. A mała dziewczynka zastanawia się, czy jej istnienie na świecie też jest pomyłką. Ojciec oczywiście mówi, że nie, że skąd, że jest ciągle jego skarbem — ale ona już mu nie wierzy. Idzie więc do szkoły, rozmyślając, co powiedzą dzieci. Tam jednak okazuje się, że połowa klasy ma rozwiedzionych rodziców, a sama pani ma już drugiego męża. Więc wszystko jest znowu w porządku. Tatuś zaś będzie mógł ją zabierać „na widzenie" w co drugą niedzielę. Tak powiedział sąd.

Zdaję sobie oczywiście sprawę, że wszystko to nie są jeszcze najgorsze rzeczy, jakie mogą spotkać małe dziewczynki. Są takie dziecięce losy, przy których to, o czym mówię, wydaje się prawie idyllą. O tych najokropniejszych sprawach jednak nie będę pisała. Nie chcę sobie o nich przypominać. Choć nigdy nie udaje mi się o nich zapomnieć. Bo kto je przeżył, nie zapomni ich nigdy. Choćby był wtedy w wieku, kiedy „nie można jeszcze niczego pamiętać" — jak głoszą niektórzy głupcy. A może oni po prostu nie chcą, abyśmy pamiętali.

Nie będę już do tego wracała. Wiem tylko, że dzieci nie zapominają. Nigdy. Powinniśmy to sobie wreszcie uświadomić.

Po ostatniej wielkiej wojnie próbowaliśmy jakoś odbudować ten świat. Urządzić go na nowo. Mówię „próbowaliśmy" — bo przecież my wszyscy go urządzamy. I co? Wojna jest znowu, choć czasem tylko udajemy, że jej nie ma. A poza tym? Nie wiem. Myślę tylko, że świat, który stwarzamy, nie jest światem przyjaznym dla małych dziewczynek. No to właściwie dla kogo jest przyjazny?

Laura

List od młodej osoby, napisany na różowym papierze, okrągłym, szkolnym pismem. Kilkanaście karteczek. Nie od razu miałam czas, aby nim się zająć — tyle już listów spiętrzyło mi się na biurku, pięknych, ciekawych, różnych. Ale któregoś niedzielnego popołudnia przeczytałam go. A komentować go nie będę, bo nie umiem.

„Droga Pani Romo — pisze moja młoda korespondentka — jest Pani dla mnie prawdziwym autorytetem, kobietą, która zna się na cierpieniu... (Tak, droga czytelniczko, niestety, akurat na tym się znam), a także osobą niezwykłą...". Tu następuje szereg komplementów, których nie przytoczę nie tyle ze skromności, ile z braku miejsca.

„Chciałam Pani opowiedzieć o mojej przyjaciółce, o której ostatnio wiele myślę. Z Laurą znałyśmy się od małego, chodziłyśmy razem do szkoły podstawowej. Od zawsze była moją najlepszą koleżanką. Była miła, delikatna, żywa, chciała zostać artystką. Nie wiadomo było tylko, jaką dziedzinę wybierze, ładnie śpiewała, tańczyła, pisała wiersze. Akurat kończyłyśmy szkołę podstawową, kiedy nagle rozeszli się jej rodzice. Mama była nauczycielką w naszym małym mieście i Laura z nią została. Ojciec był prawnikiem, wyjechał do Warszawy. «Chciał zrobić karierę» — jak mówiła matka Laury. Wydawało się, że założy tam wielką kancelarię i będzie zarabiał dużo pieniędzy — Laurę to nawet trochę pocieszało.

Ale ojciec nie założył kancelarii, tylko został politykiem. Niedługo potem mogłyśmy oglądać jego zdjęcia w gazetach, a jego twarz w telewizji. Miał samochód z szoferem i kiedy córka go odwiedzała, to także mogła z nim jeździć. Później pojawiła się w jego życiu przyjaciółka. Laura mi wtedy dużo o niej opowiadała, a ja zapamiętałam tylko, że owa blondynka głośno mówiła, nosiła krótkie spódnice i wysokie obcasy. Laura jej nie lubiła. Ale dalej dość często jeździła do ojca do Warszawy. Najbardziej podobało się jej, kiedy dostawali zaproszenia na premiery do opery czy teatru. Ojciec wtedy zabierał Laurę ze sobą, bo jego blondynka nie interesowała się operą. A Laura umiała potem bardzo ładnie opowiadać o tym w klasie albo pisać wypracowania z polskiego.

Później widywali się już rzadziej, bo ojciec był coraz bardziej zajęty — a myśmy musiały się dużo uczyć, bo to już była szkoła średnia i niedaleko było do matury. Któregoś dnia nagle w gazecie pojawiło się coś o ojcu Laury. Że zrobił coś złego czy też że był w coś zamieszany. Wieczorem już było o tym w telewizji i powtarzali to jeszcze przez wiele dni. Laura opowiadała, że siedziały wtedy z mamą same przed telewizorem i po prostu nie mogły się ruszyć.

W szkole zrobiło się dziwnie — Laurze się wydawało, że wszędzie słyszy swoje nazwisko i że znajomi się od niej odsunęli. Ale może ona tylko tak to odczuła. Zresztą nigdy nie miała wielu przyjaciół. Tak naprawdę to tylko mnie. A mnie też mama prosiła, żebym za dużo nie pokazywała się z nią w szkole, więc spotykałyśmy się po lekcjach w naszej lodziarni albo rozmawiałyśmy wieczorami długo przez telefon. Laura chciała zaraz jechać do ojca, ale on powiedział, że na razie lepiej nie.

Zbliżała się matura. Namawiałam Laurę, żebyśmy znowu razem się uczyły tak jak dawniej, ale ona jakoś mi się wymykała i widziałam, że jej to wszystko wcale tak bardzo nie interesuje. Potem już zresztą tak często nie rozmawiałyśmy. Czasem jeszcze spotykałyśmy się w lodziarni, ale ona już lodów nie jadła, tylko piła wodę. Mówiła, że teraz inaczej się odżywia, ale nie chciała powiedzieć jak.

Raz kiedyś wspomniała, że nienawidzi swojego nazwiska, ale myślałam, że tylko żartuje. A z jej ojcem potem znów było wszystko dobrze. Czy to, co mówili o nim, było pomyłką, czy prawdą — nie wiem. Nie miałam wtedy czasu się zastanawiać. Chciałam się po maturze dostać na dobre studia i o tym najwięcej myślałam. Wiem tylko, że po jakimś czasie pisano nawet, jakoby zakładał jakieś stowarzyszenie, partię czy klub — nie było to całkiem jasne. W każdym razie znowu jego nazwisko pojawiało się w gazetach.

Laurę widywałam już tylko w szkole. Zeszczuplała mocno, miała wąskie ramiona i jakby zapadnięte policzki, ale mimo to ładnie wyglądała. Była znowu spokojna, może nawet za bardzo. Ojciec do niej pisał. Mówiła, że on zamierza się ożenić. Nie z tą blondynką jednak, lecz z inną. Chciał, żeby Laura przyjechała na ślub, i obiecywał, że zabierze ją na wakacje. Wszystko więc znowu układało się normalnie.

I wtedy Laura popełniła samobójstwo. I my teraz tu wszyscy zastanawiamy się dlaczego. Pani Romo! Czy była w tym moja wina?"

Dzień turysty

Tak się stało, że moje wakacje tego roku zostały na razie skreślone na rzecz pracy. I choć naokoło lato — mnie jakoś trudno z tą słonecznością. Jestem wielką zwolenniczką, wręcz entuzjastką wakacyjnych wyjazdów. Oczywiście nie mówię o bezmyślnym włóczeniu się za przewodnikiem w jakiejś znudzonej grupie wycieczkowiczów. Mówię o świadomym, z otwartymi oczami i uszami, zwiedzaniu świata dalszego czy bliższego. Gdy wracamy z takiej podróży, inaczej żyjemy, oddychamy, myślimy. Czasem nawet mądrzejemy. Więc: „zastaw się — a spakuj się". Zmobilizuj choćby ostatni grosz — lepiej wydać na urlop niż na lekarza, i jedź!

Ale bywa czasem tak, że zabraknie nam jednej z trzech (oprócz oczywiście zdrowia) potrzebnych do udanego wyjazdu rzeczy. Czyli czasu, pieniędzy albo kogoś do towarzystwa. Cóż więc zrobić, kiedy fotel nas uwiera, praca przytłacza, a sufit zdaje się walić nam na głowę? Ja mam różne sposoby. Jednym z nich jest to, co nazwałam na własny użytek dniem turysty. Nazwałam, wypróbowałam i opisuję.

Przede wszystkim powinnyśmy sobie zorganizować, zdobyć czy ukraść wolny dzień, który nie jest niedzielą. Bo w niedzielę każdy może być turystą. Jak to zrobić, żeby nie iść do pracy, nie wiem — ale myślę, że sztuki chodzenia na wagary nie trzeba nikogo uczyć.

Wstajemy sobie rano, żegnamy czule udającą się do pracy rodzinę (jeśli takową mamy w domu), kąpiemy się, ubieramy ładnie i wyruszamy w miasto czy w miasteczko. Ubiór jest ważny. Chodzi o to, żebyśmy się czuły jednocześnie zamożnie, swobodnie i elegancko. Tak jak dobry turysta czuć się powinien. No i w drogę. Na początku jest to praca wyobraźni. Zaczynamy przed sobą udawać, że jesteśmy obce w naszym mieście czy miejscowości. Idziemy więc do najlepszej kawiarni — tej, do której u nas chodzą tylko turyści — na najlepsze śniadanie. Że to kosztuje? Z góry mówię, że ten dzień będzie trochę kosztował i pieniądze albo kartę trzeba wziąć ze sobą. Ale w końcu: czy pastylki uspokajające albo (tfu, tfu!) alkohol są za darmo? To jest terapia, a terapia kosztuje. No więc w słonecznych okularach (koniecznie!), z aparatem fotograficznym (to już niekoniecznie) siedzimy sobie na tarasie kawiarni i rozglądamy się.

Możemy też kupić jakiś kolorowy przewodnik po okolicy. Ciekawe rzeczy są w nim opisane, więc czytamy. Podobno kiedyś bywał tu nawet Kościuszko — nie wiedziałyśmy! No właśnie. Można kupić widokówkę i wysłać do znajomych — niech się zdziwią. A potem idziemy na spacer. Jeśli nasze miasto jest za małe, to wsiadamy do autobusu, pociągu czy na statek i jedziemy do najbliższego, większego. Ale lepiej zostać u siebie. Chodzimy sobie spokojnie i zwiedzamy. A to jakaś kamienica z pięknymi balkonami, których nigdy nie zauważyłyśmy, bo patrzyłyśmy zawsze w dół, na wystawę sklepu mięsnego. A to jakiś mostek nad rzeką, a to nowe kino — i różne takie.

Można wpaść do muzeum — nie zmuszam oczywiście, bo to już trzeba lubić. Ale w muzeum przeważnie jest cień i cisza, więc można choćby chwilę odpocząć. Do sklepów wchodzimy, ale tylko do tych najlepszych, z miną gwiazdy filmowej, która nie takie rzeczy już widziała. Jeśli mamy ochotę, to kupujemy sobie w drogim sklepie możliwie tanią apaszkę, piękny krawat dla męża lub maleńkie perfumy dla przyjaciółki. Każemy to elegancko zapakować, uśmiechamy się przepięknie do obsługi i wychodzimy niespiesznie, tanecznym krokiem, jak turystka. Możemy wpaść do fryzjera, ale żadnych wielkich zabiegów. Dajemy się tylko atrakcyjnie uczesać i do widzenia. Wychodzimy z lepszym samopoczuciem, potrząsamy świeżo umytymi włosami i czujemy się piękne. Możemy iść na film, który nie będzie się podobał naszemu mężowi ani synowi, bo „bez akcji". Możemy — jako że życie turystyczne wpływa na apetyt — iść na dobry obiad z kieliszkiem wina do nie znanej nam restauracji. Albo wpaść tylko do kawiarni na popołudniową kawę z lodami i wdać się przy okazji w rozmowę z inną turystką czy turystą. I takie spotkania mogą być ciekawe. Kiedyś, gdy udawałam turystkę, tu u mnie, obok, w kawiarni za rogiem, poznałam bardzo ciekawego i zabójczo przystojnego lekarza radiologa. Romansem to się nie skończyło, niestety, ale za to bardzo dużo dowiedziałam się o medycynie nuklearnej.

A wieczorem o zachodzie słońca wracamy sobie spokojnie do domu. Siadamy w ulubionym fotelu i oglądamy świeżo zakupioną książkę — bo nie zapomniałyśmy oczywiście zajrzeć do księgarni. A potem rozglądamy się po naszym mieszkaniu, jakbyśmy je widziały po raz pierwszy. I stwierdzamy, że nie jest źle — to i owo można by poprawić, odnowić, ale jest miło i niektórzy mają gorzej. Potem przyglądamy się naszemu partnerowi albo domownikom, i stwierdzamy to samo. A jeśli rzeczywistość jest inna, a partner już nawet w nowym krawacie nie da się polubić? No... wtedy trzeba zakasać rękawy i przystąpić do remontu. Generalnego.

Weselny strój

Zaczynam się trochę martwić. A to z takiej przyczyny: naokoło lato szaleje, w parkach wszystko kwitnie kolorowo, na wystawach sklepowych, przynajmniej w tym dużym mieście, w którym mieszkam, kolorowo takoż. A ja tymczasem najczęściej piszę o różnych takich smutnych i poważnych sprawach.

Może więc nie powinnam nikogo niepotrzebnie dosmucać. Bo rzeczywiście i lato, i wakacje, i wręcz czysto biologiczna chęć w człowieku, żeby usiąść w słońcu i przestać na chwilę myśleć o smutkach oraz o tym, co złości. A złości mnie wiele i zauważyłam ciekawą rzecz — że mianowicie z wiekiem wcale nie przestaje. Ale miało być radośnie.

Otóż zostałam zaproszona na ślub i wesele do pięknego, romantycznego Salzburga — ojczyzny Mozarta. Wesele było piękne i bogate. Panna młoda też. Trzeba się było na tym weselu kilka razy przebierać. Najpierw do kościoła (panie w kapeluszach obowiązkowo), potem na obiad. Wieczorem znowu na bankiet i bal (sukienka ma być długa — tak było napisane w zaproszeniu). Potem jeszcze niektóre panie, niekoniecznie w młodzieżowym wieku, przebrały się w minispódniczki na mającą się odbyć na zakończenie dyskotekę. Wesele się udało, wszyscy świetnie się bawili, nikt się nie upił — choć niektórzy panowie następnego dnia wyglądali, jak gdyby niezupełnie tak było. Jedzenie było niezwykle wytworne, składało się z nieskończonej zupełnie liczby małych dań i danek — tak malarsko udekorowanych, że nie wiadomo było, ani co się je, ani czy owo danie jest już ostatnie, czy jeszcze coś podadzą. No, ale olbrzymi stół deserów, lodów i kremów — obsypany szczodrze malinami i truskawkami — pogodził mnie znowu ze światem, i tu, a nie w dyskotece, zaszalałam. Od dyskoteki zaś wymówiłam się.

Odkryłam właśnie, co łączy mnie z Wyspiańskim, choć oczywiście on wieszczem był. Łączy nas mianowicie to, że ja też, jeśli mnie zaproszą na jakieś wesele, zaraz je mam ochotę opisać albo namalować. I czynię to — nawet własne dwa opisałam w książce. I jeszcze do czegoś się przyznam: lubię śluby, lubię wesela. Lubię ten wyjątkowy, niepowtarzalny (nawet jeśli ślub jest powtarzalny) dzień, który zawsze jest dniem wyjątkowym. To dzień pełen nadziei i dobrej energii, czasem jedyny, kiedy ci dwoje naprawdę wierzą, że na nich nie będzie działać siła odciągania. Że im się uda. Im jedynym na świecie, wbrew wszelkim horoskopom. Tego dnia nawet ich teściowie czasem w to wierzą.

Tak bardzo lubię śluby, że być może gdyby ktoś poprosił mnie o rękę, pewnie bym się zgodziła. Tyle że, prawdopodobnie, zaraz po ślubie bym mu uciekła. Bo lubię śluby, ale chyba nie umiem być żoną. Pamiętam ten film o pannie młodej, która stale ucieka od ołtarza. Otóż ona ucieka „przed", a inni uciekają „po" — czasem wcześniej, czasem trochę lub dużo później.

Nie będę nikomu dawała rad ani recept na dobre małżeństwo, bo ich nie mam. Gdybym miała choć cień pomysłu na to, jak uleczyć tę jedną z najstarszych i najbardziej dotkliwych chorób ludzkości, jaką jest nieudany związek, to oczywiście napisałabym na ten temat książkę i stałabym się wreszcie osobą sławną i bogatą. Ja tylko wiem, jak często ta próba się nie udaje. Ja tylko wiem, że i do małżeństwa potrzebny jest talent. Wiem także, że niektórzy mają talent, ale właśnie do związków nieudanych, i że ja do osób takich należę. I myślę, że skoro już to wszystko o sobie wiemy, powinniśmy przynajmniej sami przed sobą głośno się do tego przyznać. I nie podejmować eksperymentu, którego ofiarą możemy zostać nie tylko my sami, ale i drugi człowiek. Jeśli bowiem nie umiemy dogadać się z sobą, to o czym będziemy rozmawiać z nim? Jeśli nie ma w nas zgody na siebie, to skąd ma się wziąć zgoda na drugiego człowieka?

Jedyne mądre zdanie, które w życiu na temat małżeństwa usłyszałam i które na całe życie zapamiętałam, powiedziała pewna, już nieżyjąca, niemiecko-żydowsko-amerykańska aktorka. Otóż zapytana o tajemnicę jej 25-letniego udanego związku, odpowiedziała: „No cóż, trzeba po prostu być dziećmi jednego ducha". Tyle, tylko tyle i aż tyle. A ja dodaję: trzeba pochodzić z tego samego świata, z tej samej kultury. Trzeba umieć milczeć o tym samym, a nie tylko o tym samym mówić. Trzeba wiedzieć, że nie będziemy z nim się nudzić nawet wtedy, kiedy te wszystkie rozrywkowe czynności, które nas teraz wspólnie zachwycają, z jakichś powodów nie będą wykonalne. I że jak wszystkiego zabraknie, to — to jeszcze ciągle będzie on.

Trudne? Trudne. No przecież mówię, że nie każdy potrafi. Więc jeśli czujemy, że nie potrafimy, to już lepiej uciekajmy od ołtarza choćby w ostatniej sekundzie. Uciekajmy! Podarujmy sukienkę najlepszej koleżance, wrzućmy bukiet do kosza na śmieci, na podróż poślubną do Wenecji zaprośmy chrzestną matkę. Ale nie czyńmy tego kroku, jeśli nie musimy, jeśli nie jesteśmy zupełnie pewne — więcej niż pewne.

A tu tymczasem w mieście wiosennie kwitną sklepy. Modne są jaskrawe, wesoło dźwięczące kolory: pomarańczowy, zielony, różowy. Więc kończę i lecę na zakupy. Bo przecież muszę mieć jakiś nowy, piękny weselny strój — może niedługo znów ktoś zaprosi mnie na ślub.

Sąsiad Pana Boga

Siedziałam w jednym z najbardziej uroczych miejsc, jakie znam — na Piazza w Taorminie. Piłam wino, jadłam oliwki i odczuwałam dojmujący smutek samotności. Patrzyłam, jak księżyc w pełni kołysze się delikatnie (a może to w mojej głowie tak się już kołysało?) nad opalizującą taflą morza. A ja nie miałam komu powiedzieć: „No popatrz, jaki księżyc!". W końcu zapragnęłam o tym porozmawiać choćby z małą dziewczynką, która siedziała obok z rodzicami. Ale ona spojrzała tylko na mnie melancholijnie. *Vorrei un gelato*. Chciałabym loda, powiedziała w końcu. I tyleśmy sobie pogadały.

Smutek samotności? A może radość? Dlaczego o tym piszę teraz, kiedy jest lato? Bo lato samotności nie sprzyja. Zaczyna się właśnie czas ślubów. Zgodnie z panującym nastrojem zamierzałam napisać o miłości. Wychodzi za mąż moja przyjaciółka Kasia, a przed nią jeszcze Dorotka.

Chciałam więc napisać o nich i o tym, jak niezłomnie wierzą, że będzie dobrze. Przynajmniej im. Ale dziś uświadomiłam sobie rzecz inną. Wyobraziłam sobie, jak wiele wśród zaproszonych na te śluby i wesela będzie osób samotnych, które potem same będą wracać do pustych mieszkań. Dobrze to czy źle? Może czymś zawinili, czy tylko po prostu tak chcieli? Los to sprawił czy ich charaktery? Nie wiem i naprawdę nie to jest ważne.

Człowiek samotny jest sam i koniec. Sam decyduje, sam wybiera, sam idzie przez życie. Człowiek samotny wszędzie jest gościem. Ale człowiek samotny jest sąsiadem Pana Boga. Odkąd usłyszałam to piękne zdanie, często o nim myślę. Człowiek samotny czasem choruje, a wtedy z chorobą także jest sam. I mnie to się przydarzyło. Dolegliwości (przejściowe, na szczęście) były natury gastrycznej. A ja wiedziałam, że w domu nie ma nikogo, kto ugotowałby mi zbawienne w takich wypadkach kaszkę, kleik czy zupę. Zamiast jednak użalać się nad sobą, udałam się szybko do najbliższego sklepu, gdzie kupiłam całą baterię słoiczków z potrawami dla niemowląt. A potem już spokojnie, oddając się chorowaniu, podjadałam owe dania — nie bez przyjemności nawet — aż poczułam się lepiej. Przy okazji dowiedziałam się, że maluchy między ósmym i dwunastym miesiącem życia karmi się dzisiaj całkiem nieźle.

A w przerwach między słoiczkami przyszło mi do głowy, żeby napisać coś w rodzaju „Poradnika człowieka samotnego". Rady filozoficzne oczywiście — ale także i całkiem praktyczne. Coś w rodzaju sposobów na organizowanie sobie życia. Może to kiedyś rzeczywiście napiszę.

Zacznę od kuchni, bo od niej wszystko bierze początek. Nie, nie będą to żadne recepty kulinarne, tego wszędzie pełno. A więc miej zawsze w lodówce owe słoiczki dziecięce, bo nigdy nie wiadomo. Przydadzą się. Miej zawsze w domu zamrożony rosół lub inną dobrą zupę. Nieocenione w wypadku przeziębienia. Rozgrzewają, poprawiają nastrój. U nas w domu mówiło się, że rosół z kury zastępuje antybiotyk. Coś w tym jest.

Miej zawsze w lodówce dostateczną ilość dobrych rzeczy, żeby móc zrobić sobie smaczną kolacyjkę — a nie tylko dwa jajka i przeterminowany jogurt. Ale niech nie będzie tych smakołyków tak dużo, aby na sam ich widok ulegać atakom nieopanowanego łakomstwa i aby podjadanie z lodówki zastępowało ci towarzystwo.

Gotuj! Gotuj sobie wspaniałe posiłki. Niedzielne śniadanka, obiadki. Wieczorem uroczyste kolacje. Przecież ktoś, kto jest sam, nawet jeśli niesłusznie tę samotność traktuje jako karę — nie musi karać się jeszcze dodatkowo jedzeniem byle czego. Zresztą jest to też świetna okazja, żeby w spokoju przećwiczyć przyrządzanie różnych dziwnych i egzotycznych dań. Potem, kiedy przyjdą goście — a niech przychodzą jak najczęściej — będzie jak znalazł.

A teraz twoje mieszkanie — twój dom. Pamiętaj, że jest naprawdę tylko twój. Śpij w salonie, jeśli tak wolisz. Salonik urządź sobie w sypialni. Zostawiaj buty na środku pokoju, a spódnicę w łazience. A jeśli niespodziewanie wpadną goście? Pamiętaj, że im jest naprawdę wszystko jedno, tylko tobie nie. Więc czasem jednak posprzątaj, żebyś nie przestała swojego mieszkania lubić. Namaluj sobie drzewo na białej ścianie, skoro taką masz ochotę — nawet jeśli nie umiesz malować.

Miej w każdym pomieszczeniu wiele dobrych luster. Kto bowiem, jak nie one, powie takiemu „singlowi" przed pójściem do pracy, że ma pastę do zębów na nosie? Wyrzuć wszystkie przedmioty, które nie bardzo lubisz. Urządzaj ten dom naprawdę tak, jak chcesz. „To łatwe", powiesz. Tak, ale najpierw musisz wiedzieć, co lubisz. A to człowiek samotny musi dopiero sam sobie powiedzieć. I to głośno.

Jeśli nie masz z kim pójść — chodź wszędzie s a m a: na premiery, do kina, na spacer, do restauracji. Trudne? Czasami tak. Ale trzeba ćwiczyć, jest to swego rodzaju siłownia dla duszy.

Wyjeżdżaj ze sobą na wakacje. Będziesz je mogła spędzić tak, jak zechcesz — gonić jak oszalała po sklepach czy muzeach albo przeleżeć cały dzień w pokoju hotelowym z książką — tylko własnym nastrojom i humorom podległa. Może ktoś powie, że namawiam tu po prostu do bezwstydnego egoizmu. Ależ tak, oczywiście! Bo zanim nauczymy się żyć dla innych, musimy nauczyć się żyć dla samych siebie. Może więc warto, zanim rozpoczniemy poszukiwania partnera, wyruszyć na poszukiwanie samej siebie — na spotkanie własnej wolności.

Dorotka i miłość

„Nie wiem — powiedziała Dorotka nad filiżanką herbaty. — Po prostu go lubię. I wie pani, on tak się cieszył na ten ślub". Było to rankiem w krakowskiej kawiarni Camelot. Nad miastem świeciło słońce, ale tu panował półmrok. Umówiłam się z Dorotką na pożegnalną kawę. Ja wyjeżdżałam znów do Niemiec, ona — świeżo poślubiona żona, radosna, promienna — zostawała tutaj, a z nią to wszystko, co życie miało jej do zaoferowania. Mąż, ciekawa praca, nowe mieszkanie. „Opowiedz mi o miłości, Dorotko — poprosiłam. — Skąd wiesz, skąd wiedziałaś, że to on, że to on właśnie, nikt inny?" Szczęśliwie zakochana dziewczyna, której spełniło się albo właśnie miało się spełnić to, co mnie nie spełniło się nigdy, wydała mi się jakimś specjalnym ekspertem od miłości — posiadaczem tajemnicy, której mnie, biednej poszukiwaczce, nie udało się zgłębić. „Nie wiem skąd, ale wiedziałam.

On też wiedział, może nawet lepiej niż ja". Uśmiecha się ciepło. Milczy. Ale ja widzę, że jest pewna tego, co jest i tego, co będzie. Wie, że to, co robi, jest dobre — tak jak wiedział Pan Bóg, kiedy stwarzał świat.

Może więc to właśnie ona, właśnie dziś wytłumaczy mi tajemnicę miłości? Bo kiedy tak na nią patrzę, powraca coraz silniejsze z upływem lat uczucie, że ja sama czegoś nie rozumiałam, nie dopełniłam, że coś mnie ominęło, że moje doświadczenie miłości musiało być ułomne. Swoją własną jedyność i niepowtarzalność odkryłam też samotnie i dopiero w dojrzałym wieku, a nie odczytałam jej w zakochanych oczach drugiego człowieka i poprzez niego. Może więc ona, dwudziestoparoletnia, wie coś ważnego, czego nie wiem ja?

Dorotkę poznałam w wydawnictwie. Pomagała mi upiększyć moją książkę, a ja przyjmowałam jej wysiłki z wdzięcznością. Dni były upalne, pokoje biurowe duszne, ale ona promieniała i zdawała się nie odczuwać zmęczenia. Widać było, że po prostu podoba jej się świat, życie, a także moja książka. Znalazła w niej, jak mówiła, ważne rzeczy dotyczące kobiety, mężczyzny — ich spotkania. Ona znalazła w mojej książce dla siebie jakąś mądrość, ja z kolei patrzyłam z podziwem na nią — żywą i pełną energii. Na nią, której zdarzyło się teraz właśnie to, co ja mogłam już tylko opisać.

Kiedy rozstawałyśmy się wieczorem po pracy i Dorotka biegła do swoich spraw prywatnych, zdawało mi się, że nie idzie, lecz płynie, unosząc się parę centymetrów nad ziemią. „Idziemy wybierać obrączki" — mówiła na pożegnanie. Albo „Idziemy do szkoły". „Do szkoły?" — pytałam zdziwiona. „Wie pani, to takie lekcje, przygotowanie do małżeństwa w kościele"...

Zazdrościłam jej pewnie trochę, choć silniejsze było zdziwienie światem, który tak się zmienił za mojego życia. Światem, w którym był na przykład ktoś, kto zadawał sobie trud, aby młodych ludzi przygotować do małżeństwa. Kiedy ja debiutowałam na tej wielkiej scenie, gdzie ludzie wybierają siebie dla siebie — małżeństwo było czymś w rodzaju gry towarzyskiej. Byliśmy samotni — młode dziewczyny, młodzi mężczyźni — pozostawieni sami sobie, bez pomocy, zakompleksieni, pozbawieni autorytetów. Nasi rodzice po okrutnym doświadczeniu wojny często wadzili się z Panem Bogiem. Od nas wymagali tylko jednego — żebyśmy byli normalni. A tego właśnie od nas nie można było wymagać.

Nasz świat nie był kolorowy, nie było pieniędzy ani przygód. Była zewnętrzność, poza, udawanie, był alkohol. Była hipisowska zabawa w szczęście, a potem gorzki smak porażki. Małżeństwo było dla nas tylko grą, a myśmy grali i przegrywali. O wartości miłości, o tym, że jest darem Boga, że może, a nawet powinna trwać wiecznie, nie wiedzieliśmy nic. Tego, że można nauczyć się rozumieć drugiego człowieka, że to wymaga cierpliwości i czasu, że uczucie jest błogosławieństwem, ale i ofiarą, a przede wszystkim odpowiedzialnością — nikt nam nie powiedział.

Odchodziliśmy więc od siebie — łatwo i trochę lekkomyślnie. Spotykaliśmy innych partnerów. Coś w nas marnowało się, umierało, gasło, a myśmy usiłowali tego nie zauważać, w złudnej nieraz nadziei, że z nowym partnerem wszystko zaczniemy od nowa. Ale stary ból powracał, a także nieumiejętność nazwania własnych pragnień, niewiedza o tym, jaki powinien być nasz partner, jacy jesteśmy sami i co możemy sobie nawzajem ofiarować.

Dorotka i jej mąż traktują życie poważnie — poważnie traktują małżeństwo. Długo się do niego przygotowywali. Dorotka wie, ile jest warta, co może dać ukochanemu, jest odpowiedzialna, ale jest też wolna. Jej świat nie ma granic, chyba że sama je sobie ustanowi. Ale tajemnicy swojego wyboru nawet ona nie potrafi mi wytłumaczyć. „Będzie dobrze, pani Romo" — mówi tylko i znowu przepięknie się uśmiecha. Dostaję od niej zdjęcie ślubne — w białej sukience i z powiewającym welonem, wtulona w swojego chłopaka, stoi na mostku nad jeziorem. Wygląda jak Audrey Hepburn w filmie z lat sześćdziesiątych. Tylko że Dorotka jest prawdziwa.

„Spotkałam panią, stojąc u progu swojego małżeństwa" — napisała w dedykacji. A ja tak bym chciała, żeby jej się udało, choćby tylko jej jednej na świecie…

Mała, urocza plaża

Już za chwilę, za parę dni przyjdzie nam zdawać kolejny egzamin z wakacji. Już za niedługo, za moment zaczną się pytania. Wakacje i święta — ukochany temat do konwersacji. Tyle że można o nich mówić tylko dobrze albo wcale!

Nikt nie wyzna przecież, że w święta było mu smutno i nudno, że wakacje były drogie i nieudane, że nie dostał w końcu tego, czego pragnął. Nie przyzna się nawet przed sobą, a co dopiero przed kolegami z pracy. Zresztą oni takiej spowiedzi pewnie nie zechcieliby wysłuchać. Nie, oni chcą sobie spokojnie pozazdrościć, pomarzyć, zapamiętać takie nazwy, jak Madera czy Kajmany, hotel Rio Grande czy Gwiazda Morza. Chcą przez cały rok pieścić to marzenie, a potem — jeśli będą mogli — za ostatni choćby grosz też pójść, a raczej polecieć za marzeniem…

Poleci więc człowiek i co zobaczy? Jeszcze na lotnisku czy w autobusie, zaraz po opuszczeniu własnego domu, dozna przejmującego uczucia, że już nie jest sobą. Jeśli dotąd tego nie wiedział, to wreszcie zrozumie, że udając się w wakacyjną podróż — nawet, w najlepszym wypadku, własnym luksusowym samochodem — przestał być człowiekiem i stał się turystą. Świat dzieli się bowiem na zwykłych ludzi i turystów. I jest to podział brutalny i bezlitosny.

Normalny człowiek porusza się swobodnie po swojej wsi czy mieście, zaopatrzony w tyle pieniędzy, na ile go stać. Normalny człowiek ma imię i nazwisko, idzie do pracy, gdzie go znają, a może nawet cenią, a po pracy spotyka się z przyjaciółmi, których ma od dawna. I nagle ów człowiek, omamiony kolorowymi obrazkami, których wszędzie pełno, zapragnie udać się na poszukiwanie świata innego, piękniejszego niż ten, który go otacza. Świata, który może kiedyś był — ale nie ma go od dawna i na pewno nigdy już nie będzie. I oto ów człowiek dowiaduje się nagle, że turysta to nie tylko obcy, ale to inny gatunek, a może po prostu już tylko towar. Zorientuje się, że ma bardzo mało praw, ale za to ma obowiązki. Podstawowym zaś jego obowiązkiem jest wydawanie pieniędzy — im szybciej, im głupiej, tym lepiej. Jeśli jeszcze nie wie, to zostanie dokładnie pouczony, jak to robić.

Kolejnym obowiązkiem tego gatunku jest ubieranie się w specjalny sposób. Przeważnie zaś gorzej i brzydziej niż zwykle. Strój ma być ośmieszający, a wstydliwy, dzięki temu turysta będzie łatwo rozpoznawalny na ulicy. Ulica zaś już będzie dobrze wiedziała, jak go potraktować, gdzie go popchnąć i co mu wcisnąć. Przyodziany w ohydne majtasy, szortami zwane, w trykotowe koszulki, których nie włoży nawet we własnym ogródku, bo może go sąsiadka zobaczyć, w głupi kapelusik lub czapeczkę i w upiorne sandały — uda się tak wszędzie, nawet do kościoła. Czego oczywiście nigdy by nie zrobił w swoim rodzinnym mieście.

Odarty w ten sposób z godności, trzymający się kurczowo za pierś, na której spoczywają nie tylko jego karty kredytowe, ale także dokumenty świadczące o tym, że jednak jest kimś, ma jakieś nazwisko i zawód — przekona się, że odtąd przez cały czas, aż do powrotu, jest zależny od czyjejś łaski. I to bez względu na stan owych kart kredytowych. Zawsze bowiem można mu dać gorszy pokój w hotelu, jeśli panu w recepcji nie spodoba się jego twarz. Można go nie wpuścić do restauracji, „bo mamy niestety komplet". A kiedy zostanie wpuszczony, można mu podać najgorsze świństwo, które ma uznać za kuchnię lokalną i szybko skonsumować. Ma pamiętać, że jego obowiązkiem jest jeść, jeść i jeszcze raz jeść. A także oczywiście pić, kupować kartki pocztowe, muszle, jeżdzić nie wiadomo po co na wielbłądzie lub osiołku, fotografować to wszystko także nie wiadomo po co, pędzić bez opamiętania samochodem, zużywając jak najwięcej benzyny. W przerwach może się opalać.

Przepraszam, rozżaliłam się. Przecież tak zawsze kochałam i chwaliłam wakacyjne wyjazdy. Nadal je kocham, nadal tęsknię za morzem i słońcem, za romantyczną plażą, jak na starych francuskich filmach, albo szałasem w górach. Tęsknię za choćby małą przerwą w codziennym życiu — po to, aby potem do niego wrócić, może zacząć je bardziej cenić — bardziej lubić.

Tego lata pojechałam na krótko do Hiszpanii. Miało to przyczyny zawodowe, ale przy okazji postanowiłam pozostać na parę dni wypoczynku. Znalazłam sobie niewielki hotelik i uroczą plażę. Kiedy wieczorem zeszłam na kolację do hotelowej restauracji, stwierdziłam, że reszta gości składa się z wycieczki chorych ludzi, upośledzonych umysłowo. Wycofałam się w kąt sali. Ale nie udało mi się zjeść w spokoju. Po chwili jeden z nich wsadził mi palec do talerza, drugi delikatnie pociągnął mnie za włosy, trzeci miło się uśmiechał, przybliżając twarz do mojej twarzy. W nocy zaś któryś z nich krzyczał cały czas w pokoju obok, widocznie miał koszmary. Rano byli też na plaży kilka kroków ode mnie.

Było mi ich oczywiście żal. Nie jestem osobą nieczułą ani okrutną. Tyle że nie było już czasu, żeby się z nimi zaprzyjaźnić, no i trochę inaczej sobie ten pobyt wyobrażałam.

Na każdej wycieczce i w każdym hotelu poddawani jesteśmy jeszcze i tej próbie: nie możemy wybrać sobie towarzystwa. My, którzy tak starannie dobieramy znajomych, przyjaciół, tak uważnie przyglądamy się kolegom z pracy, na wakacjach jesteśmy bezbronni.

A ja wreszcie tego lata uświadomiłam sobie: nienawidzę turystów i nigdy już nie chcę być turystką. Co nie znaczy, że nie chcę być podróżnikiem. Ale to zupełnie co innego. Podróżnik taki, jakiego znam z książek, to człowiek, który czasem, niezbyt często gdzieś jedzie, ale zawsze wie dokąd i po co. Interesuje się kulturą kraju, do którego się wybiera, a nawet stara się mówić jego językiem, i nie zawsze musi to być angielski. Postanowiłam też nie opuszczać domu w lipcu i sierpniu. Aby nie włączać się w ową wędrówkę niespokojnych, rozszalałych mrówek.

A jeśli znów zatęsknię za wyjazdem na wakacje? Wtedy usiądę w moim rodzinnym Krakowie w kawiarni na Rynku. Tam też włóczą się tłumy turystów, wdrapują na pomnik, fotografują, wrzeszczą. Tam też jest strasznie.

Zanim zadzwoni telefon...

Cisza. Nauczyłam się ją cenić już dawno. Potrzebowałam jej zawsze — najpierw jako niepewne, bojaźliwe dziecko, a później jako dorosły, ale pełen lęków człowiek. Często do niej tęskniłam i nigdy chyba nie próbowałam jej zagłuszać. Wsłuchuję się w nią często nocą, kiedy nie mogę spać. Tego lata nad morzem tylko w nocy udawało mi się czasem usłyszeć szum fal, bo w dzień stale ryczały jakieś głośniki. Zastanawiałam się wtedy nad ciszą. Czym jest, a może kim?

Ale naprawdę spotkałam się z nią osobiście w pewien jesienny weekend, kilka lat temu.

Przeprowadzałam się wtedy po raz kolejny. Porzucałam mieszkanie, które bardzo kochałam. Zawsze kochałam mieszkania, tak samo jak ludzi, i rozstania z nimi przeważnie sprawiały mi ból — choć nigdy nie należały one do mnie — tak jak i ludzie zresztą.

Mieszkanie, które musiałam opuścić, było wyjątkowo piękne. W starej willi — poddasze z małą, śmieszną wieżyczką, pełne okien, nieba, światła. A ja musiałam przenieść się gdzie indziej — na niewiadome, do większego miasta, choć nie było tam ani tak ładnie, ani tak spokojnie. Wydawało mi się jednak wtedy, że tak trzeba, że tego właśnie wymaga ode mnie moje życie.

W piątek miał przyjechać samochód meblowy, aby zabrać rzeczy. Ja miałam podążyć za nimi. Ale wtedy okazało się, że w poniedziałek muszę tutaj załatwić jeszcze jakąś ważną sprawę. Rzeczy więc pojechały beze mnie, a ja zostałam na całe trzy dni sama w pięknym, pustym mieszkaniu. Jasne, czyste, bez mebli — wydawało się większe i jakby przejrzyste, pozbawione ścian.

Telefon był już wyłączony, znajomi i przyjaciele pożegnani poprzedniego wieczoru uroczystą kolacją. Komórki, choć trudno dziś to sobie wyobrazić, jeszcze wtedy nie miałam.

Telewizor, radio, płyty — wszystko odjechało. Zostały okna, biała przestrzeń, jasnoniebieska wykładzina, po której zawsze tak lubiłam chodzić boso. Zostało coś do spania — materac rozłożony na podłodze. Był także mój nieodłączny czajnik, a nawet jakieś jadło, bo i lodówka została.

Byłam wolna, sama — mogłam zrobić tyle rzeczy. Zaplanowałam sobie długi spacer wśród jesiennych liści, zamierzałam pójść do kina, wreszcie miałam na to czas. Chciałam może jeszcze raz pobiegać po mieście, pożegnać się z ulubionymi sklepami, powydawać trochę pieniędzy.

Miałam lampkę, kilka książek... I wiecie? Nie wykonałam żadnego z moich planów.

Bo zakochałam się w ciszy, dotknęłam jej. Stała się dla mnie nagle czymś materialnym, żywym, obecnym.

Cisza nie jest mgłą, nie jest sennością. Ludziom, którzy nie umieją jej słuchać, wydaje się pewnie trochę niepotrzebną, a nawet irytującą przerwą w zwyczajnym, codziennym hałasie. Niektórzy po prostu jej się boją. Nie wiedzą, że czasem staje się przyjacielem, żywą istotą, z którą można rozmawiać.

A dla mnie od tamtego czasu cisza ma kolor niebieski. Może od tej wykładziny, a może od nieba, w które wpatrywałam się zamiast w telewizor. Próbowałam trochę zaglądać do książek, które sobie zostawiłam, ale nawet one nie były mi potrzebne. Moja cisza pełna była słów. Przypominały mi się dawno zapomniane wiersze, rozmowy z ludźmi, melodie. Pewnie coś jadłam, piłam herbatę. Ale przez większą część owych dni byłam gdzieś daleko — poza sobą, poza własnym życiem — jakby obok siebie i głęboko w środku jednocześnie.

Wróciłam potem pełna energii, pomysłów — już bardziej przyjazna tym wszystkim nowym rzeczom, które miały się wydarzyć. Być może, że także i ja, nie przymuszona okolicznościami, nigdy nie zdobyłabym się na pomysł wyłączenia na chwilę tego wszystkiego, co koło nas i w nas codziennie dudni i buczy. A właśnie wtedy sama sobie podarowałam ważne doświadczenie. I był to chyba jeden z najbardziej niezwykłych, najpiękniejszych moich weekendów — a na pewno ten najlepiej zapamiętany.

Mam pewnego gadatliwego znajomego — dzwoni do mnie często, przeważnie wieczorem, po pracy. Mówi dużo, ale na tyle inteligentnie i ciekawie, że najczęściej słucham go cierpliwie. Czasem mnie to męczy, ale nie bardzo wiem, jak mu to powiedzieć. Aż tu kiedyś nagle przestał się odzywać, zamilkł. Okazało się, że wyjechał na jakiś czas — pewnie na odpoczynek — więc przy okazji odpoczęłam i ja.

Rozmawialiśmy ze sobą często, przelaliśmy przez tak cierpliwy telefon morze słów — ważnych i nieważnych. Ale przyszedł czas, że potrzebna nam była cisza.

W przyjaźni, w miłości nawet, w rodzinie, także w kontaktach między rodzicami a dziećmi — powinno być zachowane prawo do przerwy, odpoczynku. Musi być także miejsce na ciszę, bez której nie ma mowy o intensywności uczuć. Im silniej emocjonalne są związki, tym bardziej łakną czasem dystansu, odejścia — po prostu milczenia.

Toteż — wieczna poszukiwaczka skarbów, których nie da się kupić za pieniądze — nadal szukam w życiu momentów ciszy, choć spotkać je coraz trudniej. Trudniej także mieć odwagę przyznać się do tego, że nie wytrzymujemy codziennego, nieustannego jazgotu.

A przecież nasz związek z własnym życiem, czyli ze samym sobą, też potrzebuje ciszy i powietrza, które czasem są jednym i tym samym.

Teraz, kiedy to piszę, znowu rozdzwonił się telefon. O tej porze to może już być mój gadatliwy znajomy. Dawno go nie słyszałam, ale właściwie go lubię, więc nawet cieszę się na rozmowę z nim. Trochę mi jednak żal tej ciszy...

Odcienie miodu

Moja przyjaciółka Ada jest sławną skrzypaczką, uwielbianą przez tłumy melomanów. Według mnie Ada gra najpiękniej na świecie, czasem wydaje mi się, że robi to tylko dla mnie, i pewnie każdemu ze słuchaczy wydaje się, że Ada gra wyłącznie dla niego. Jej muzyka jest pełna lekkości, mądrości, radości życia, czasem nawet humoru. Rzuca słuchaczom do stóp perły, brylanty dźwięków i mówi: „To dla was. Weźcie je sobie".

Artyści bowiem, tak mi się przynajmniej wydaje, dzielą się na dwie grupy. Są tacy, którzy grają, piszą, pięknie malują, niekiedy nawet wspaniale, ale przede wszystkim dla siebie. Mówią: „Popatrz, jaki jestem cudowny, genialny. Jak się staram, żebyś mnie podziwiał". Inni zaś, ci bardzo nieliczni, piszą, grają, malują dla nas. I to oni sprawiają, że spotkanie z ich sztuką pamiętamy przez całe życie. Bo to, co robią, przychodzi prosto do nas, dotyka naszych serc. A oni sami jakby przestają się liczyć. Taką artystką jest Ada. Dlatego pokochałam ją jeszcze w młodości, a później się z nią zaprzyjaźniłam. Niestety, rzadko mogłyśmy się widywać, a nasze drogi stale się rozchodziły. Ada jeździła po świecie i grała, a ja siedziałam w domu i malowałam. Albo także jeździłam, tylko gdzie indziej.

Pewnego dnia Ada nagle i niespodziewanie przeprowadziła się do Niemiec, dokąd ja przeniosłam się już wcześniej. Byłyśmy niedaleko od siebie i znowu mogłyśmy się często widywać. „Powiedz, Ado — zapytałam kiedyś, na początku jej pobytu — jak sobie radzisz z Niemcami? Oni są jednak inni niż my — trudni, chłodni". „Ach, nie — odpowiedziała. — Nie przesadzaj, wszystko jest świetnie". Bo zapomniałam dodać, że Ada nigdy się nie skarży. Już taka jest. Nie wiem, czy to za sprawą muzyki, ale dla Ady świat zawsze jest dobry, a ludzie życzliwi. „Moi studenci są wspaniali — opowiadała, a było to w czasach, kiedy zaczęła uczyć muzyki. — Kiedyś zapytali mnie, co najbardziej lubię. Odpowiedziałam, że miód. Odtąd stale dostaję od nich słoiczki miodu w różnych smakach i odcieniach. Z całego świata. Mam dom pełen miodu, jak w marzeniu Kubusia Puchatka".

Lata mijają, ale Ada pracuje nie mniej, lecz coraz więcej. Krąży teraz z koncertami między Niemcami, Kanadą (tam mieszka jej syn) i resztą świata. Którego dnia zemdlała na scenie. Gdy o tym usłyszałam, zadzwoniłam do niej zaniepokojona: „Podobno zasłabłaś podczas koncertu?". „Nie przesadzajmy. Nic wielkiego się nie stało — uspokajała. — Było nawet zabawnie, bo w pierwszym rzędzie siedział lekarz i prawie upadłam mu do stóp. Oczywiście zerwał się, podniósł mnie i ocucił. Sympatyczny człowiek. Od razu się zaprzyjaźniliśmy".

Ostatnio znowu długo nie widziałam Ady. Kiedy dowiedziałam się, że gra w moim mieście, szalenie się ucieszyłam, że wkrótce ją zobaczę, więc poszłam, a właściwie pobiegłam na koncert. Wyglądała na scenie jak zwykle, jak młoda, pełna wdzięku dziewczyna. Pomyślałam sobie, że Ada po prostu nie może wyglądać inaczej. Wydała mi się jednak jeszcze drobniejsza niż zazwyczaj, delikatniejsza, bardziej krucha. Od razu wypatrzyła mnie na sali i puściła do mnie oko. A grała tak, jakby sam Pan Bóg zsyłał tę muzykę prosto z nieba — przez nią — do nas.

Po koncercie przeczekałam tłum wielbicieli, który ją otaczał. Potem nareszcie miałyśmy parę minut dla siebie i nie wiadomo było, od czego zacząć. „Jak się czujesz, jak twoja rodzina?" — zapytałam wreszcie. „Świetnie — odpowiedziała jak zwykle Ada. — Mój syn nadal mieszka w Kanadzie, dobrze mu się wiedzie. Ożenił się z Kanadyjką. Pracują razem. Bardzo miła dziewczyna". Zamyśliłam się na chwilę. I zapytałam w końcu: „Czy twoja synowa chociaż wie, kim jesteś?". Tym razem i chyba po raz pierwszy, odkąd ją znam, Ada zawahała się. „Nie — odpowiedziała cicho. — Nie wie". „A słyszała, jak grasz?" „Ona nie chodzi na koncerty. Nie interesuje się specjalnie muzyką". „To o czym rozmawiacie?" „Przeważnie oni rozmawiają, mają zawsze tyle spraw do omówienia. A ja siedzę, piję herbatę. Lubię patrzeć na syna. Taki przystojny mężczyzna się z niego zrobił... Bawię się z psem. Bardzo miłego psa mają...". Któregoś dnia, oby najbardziej odległego, Ada — jak my wszyscy — odejdzie. Ci, którzy słuchali jej kiedyś, i ci, których uczyła, będą o niej pamiętać. Ja będę kochać ją zawsze. A w dalekiej Kanadzie jej daleka synowa będzie miała tylko niewyraźne wspomnienie o swojej teściowej, drobnej starszej pani z filiżanką herbaty w dłoni. I nigdy się nie dowie, kim naprawdę była. Pewnie nawet nie będzie umiała sobie tego wyobrazić.

To taka trochę smutna historia bez morału. „Smutna? Ależ skąd! — powiedziałaby teraz Ada. — Wszystko jest dobrze na świecie. Wszystko jest właśnie tak, jak być powinno".

Artysta mówi...

Artysta mówi — a ja słucham. Artysta mówi w radiu albo w telewizji. Ja go słucham u siebie w domu w Niemczech — a on mówi do mnie po polsku. Mam taką pracę, że mogę podczas niej posłuchać radia, a nawet pogapić się w telewizor. Czasem dowiaduję się ciekawych rzeczy — na przykład jaka będzie pogoda. Zdarza się więc, że kiedy powiedzą, że będzie piękna, to ubieram się lekko i wychodzę... na deszczową ulicę. Bo pogoda była polska, a ja jestem w Niemczech. Tak to bywa z roztargnionymi. A czasem właśnie mówi do mnie Artysta. A ja postanawiam go wysłuchać, bo może dowiem się czegoś ciekawego i pouczającego. Więc odrywam się od pracy i słucham. Pewien reżyser pytany o tajemnicę swojej twórczości wyznaje nam nieoczekiwanie, że widział w życiu cztery halki. Tylko cztery? — myślę sobie. Ale okazuje się, że chodzi o operę (w radiu nie widać dużej litery) i że *Halka* to opera realistyczna. Ciekawe. Ja to już stwierdziłam, gdy miałam dziewięć lat i mama po raz pierwszy mnie na nią zaprowadziła. Bardzo wtedy nad losem owej Halki płakałam. Następnie mówi pisarz — czyli jakby kolega po piórze. Skupiam się bardziej. Tylko że on mówi tak smutno i nudno, że niestety... Nie, drogi kolego pisarzu — przy całym szacunku — jeśli twoja książka jest tylko trochę taka, jak sposób, w jaki o niej opowiadasz — to ja, niestety, nie podołam, nie dosłucham, nie przeczytam. Mówi inny Artysta, potem jeszcze inny i jeszcze. Mówi, bo jest pytany, i mówi, bo lubi. No i dlatego, że lubi słuchać... siebie. Mówi na przykład o wychowaniu dzieci. A ja zastanawiam się, skąd Artysta ma wiedzieć więcej o tym niż jakiś pan Owalski z miejscowości Owal Mały. Przecież Artysta aż tak bardzo wychowaniu tych swoich pociech poświęcić się nie może. Artysta przed premierą jest zdenerwowany, a po premierze zmęczony. A w międzyczasie musi pilnować, żeby go kolega w czymkolwiek nie wyprzedził. Więc może ów pan Owalski lepiej się zna na tym wychowaniu niż on? I po co go pouczać? Artysta mówi też chętnie o religii i metafizyce, o kabale na przykład. A ja, naiwna, słucham i zastanawiam się. Bo przecież reżyser to jest, ogólnie biorąc, człowiek umiejący powiedzieć aktorom, z której strony mają wejść na scenę, a z której zejść — tak aby na siebie nie powpadali. Czasem też ma koncepcję — ale to mu dość szybko przechodzi. Pisarz zaś to taki pan, który siedzi i układa słowa w rządku na papierze tak, aby stanowiły w miarę logiczną całość, z naciskiem na „w miarę". Rzeźbiarz wali w kamień jak popadnie, i dobrze mu tak. Aktor — no cóż, nie będę objaśniać, co robi — tyle że aktora grającego w serialu medycznym akurat o robienie zastrzyków bym nie pytała. Są oczywiście wyjątki. Są ludzie, których słucham z otwartą gębą, którzy mówią „tak smacznie, że chciałoby się, żeby jeszcze mówili" — jak pisał Izaak Babel. Był taki człowiek w Polsce — mówił pięknie, mądrze, dowcipnie, słuchałam go przed telewizorem prawie na kolanach. Ale już umarł. I nie był artystą, tylko księdzem.

Chcę bardzo wyraźnie podkreślić: nie mam nic przeciwko pytającym. Oni pytają, bo muszą, bo to jest ich zawód. Zawsze mówię, że nie ma głupich pytań, są tylko głupie odpowiedzi. Artysta mógłby więc czasem powiedzieć po prostu, że nie wie, że się nie zna. Gdyby mówił na przykład o swoim warsztacie... — wszyscy chętnie słuchamy tajemnic warsztatowych. Choć też bez przesady — nie musi nam koniecznie opowiadać, jak go od siedzenia przy biurku... głowa boli. Najlepiej byłoby może, żeby powiedział tak: „Proszę państwa, napisałem właśnie symfonię, namalowałem obraz — jestem tym śmiertelnie zachwycony — czego i państwu życzę". Bo o to chodzi.

Napisałam to i obawiam się, że może zanadto pokalałam swoje gniazdo. Ale trudno. Jak mawiała moja mama: „Przeżyłam wojnę, przeżyję i to". Mam nadzieję, że i mnie także będą często o różne rzeczy pytać, bo też jestem artystką, i też to uwielbiam. Na przykład w telewizji. Chętnie się na to godzę, bo bardzo lubię być w telewizji. A któż by nie lubił? Mogę jednak obiecać, że nie będę mówiła o rzeczach, na których się nie znam. Przyznaję też od razu, że nie znam się na prawie międzynarodowym, religiach Dalekiego Wschodu, o ekonomii zaś wiem tyle, że wszystko drożeje.

Jeśli chodzi o wychowanie dzieci, to proszę zapytać mojego syna, czy jest jakiś błąd, którego w trakcie jego młodego życia NIE popełniłam. Myślę, że nie ma. Napadów metafizycznych nie miewam. Chodzę czasem do synagogi. A czasem do kościoła. I tak przez całe życie. Mogę również obiecać, że odpowiadając na pytania, będę miała przed oczami nie moje czarujące odbicie w lustrze — tylko owego pana czy panią Owalską. I nie będę im opowiadała rzeczy, o których, tak jak oni, dowiedziałam się z telewizji. Spróbuję natomiast wspólnie z nimi zastanowić się nad tym, co przemyślałam, przeżyłam — tak jak oni. Co mnie boli — i ich może też. A będzie tak dlatego, że ja właśnie jestem osobą nadzwyczajną. Co było do udowodnienia.

Wizerunek

Artysta znowu mówi — a ja znowu słucham. Artysta, oczywiście coraz to inny, często coś mówi — a ja często słucham, bo jestem ciekawa. A czasem słucham dlatego, że pragnę owego artystę polubić, może nawet pokochać. Jestem wychowana w kraju, w którym tradycyjnie uwielbiało i podziwiało się artystów. Szczególnie zaś było tak w moim rodzinnym mieście, Krakowie. Tutaj zawsze artystów było tak wielu, że musieli się nawet sami nawzajem kochać i uwielbiać — albo też i nienawidzić, ale to już inna opowieść. W każdym razie artyści oraz inne ważne osoby zawsze musieli i muszą nadal dużo o sobie mówić, aby zostać zauważonymi i aby w ten sposób przekazać światu swój wizerunek. Wizerunek? Tylko jaki?

Czy wszystko, co nam kiedykolwiek ślina na język przyniesie, warte jest publicznego wygłaszania, warte jest w ogóle ogłaszania — w nadziei, że już nasz wizerunek się z tego sklei? Czy ja na przykład muszę się dowiadywać od osoby ważnej w życiu publicznym o tym, że wieczorem przebiera się w strój domowy (podomkę może lub niebieski fartuszek?) i gotuje żonie kolację? A może ja po prostu wcale nie chcę tego wiedzieć?

Może ja wolałabym mieć inny obraz osoby ważnej, na przykład taki, że wieczorami siada w fotelu i ze zmarszczonym czołem zastanawia się nad Polską i ma jakąś rozsądną jej wizję, której nasza zmęczona Ojczyzna bardzo już potrzebuje. Więc może obraz ważnej osoby robiącej na przykład w domu przepierkę albo podlewającej trawniczek wcale mnie tak bardzo nie zbuduje. Ja wiem, wiem, że osoba chciałaby w ten sposób pokazać, że jest jak wszyscy, że jest „swój chłop" — tylko jeżeli jest taka jak wszyscy, to po co stała się ważną osobą?

Coś tu się z tym wizerunkiem nie zgadza. Nie pomogą nawet starania specjalnych, profesjonalnych doradców, angażowanych przez niektóre osoby. Doradca może określić liczbę koniecznych wizyt w solarium, może zmienić kształt okularów oraz powiedzieć, ile razy podczas publicznego występu należy dotknąć palcami prawej ręki okolicy serca. Tylko że wizerunek to dużo więcej i odpowiedzialni zań jesteśmy wyłącznie my sami.

Wizerunek musi pochodzić z najgłębszych i najlepszych pokładów naszego wnętrza — jeżeli oczywiście takowe mamy i dotyczy to nas wszystkich, nie tylko tak zwanych ważnych osób. W momencie, w którym przekraczamy próg, wychodząc z naszego prywatnego mieszkania, zaczynamy budować swój wizerunek publiczny. Budujemy go wszystkim, co czynimy. Mową oczywiście najbardziej. I dlatego nie jest obojętne, co, gdzie i do kogo mówimy o sobie. U fryzjera, w biurze czy w maglu (a, przepraszam, magla już nie ma — no to w supermarkecie). Czasem bowiem właśnie my sami opowiadamy o sobie rzeczy tak niemądre i niepotrzebne, że stajemy się swoimi największymi wrogami. Oczywiste też jest, że nie tylko słowo — również wygląd, sposób bycia, ubierania się — składa się na nasz wizerunek.

Może warto spojrzeć na siebie przez chwilę jak na kogoś obcego i zastanowić się, czy wyglądamy, mówimy i zachowujemy się stosownie do roli, którą chcielibyśmy w tym świecie odgrywać. A gdybym była reżyserem obsadzającym w filmie aktorkę, która miałaby zagrać właśnie mnie? Czy wygrałabym casting na samą siebie? Czy jestem taką osobą, jaką być powinnam? Patrzę na przykład w telewizor (telewizja nie daje nam wprawdzie obrazu świata, ale dobrze służy do podglądania tego czy owego) i widzę nauczycielkę stojącą przed klasą. Nauczycielka ma chyba ze dwadzieścia kilogramów nadwagi i odpowiednio do tego workowatą suknię. A wymaga od dzieci dyscypliny — czy może wykładać o dyscyplinie ktoś, kto sam wobec siebie jej nie stosuje? Bo tak się wygląda nie przez przypadek, ale z niekontrolowanego łakomstwa. A czy dzieci tego nie widzą? Widzą oczywiście.

Albo lekarz o twarzy zielonkawej i podkrążonych oczach, zapalający papierosa za papierosem. Czy mogę mu uwierzyć, że wie, co jest zdrowe dla mnie? Niechże się najpierw przyjrzy sobie. Albo polityk, który w karnawale wkłada czapkę z oślimi uszami i wydaje mu się, że w ten sposób jest „bliżej ludzi" — dla mnie już z tymi uszami pozostanie. Ja nie chcę, żeby polityk był mi bliski — tylko żeby był mądry, zrównoważony i skuteczny.

Ja nie chcę, żeby znany aktor pokazywał mi się w przepoconej koszulce i zniszczonych trampkach oraz publicznie kłócił się z żoną. Ja chcę, żeby był piękny, subtelny i porywający — i tylko taki, bo taka jest jego rola. A wracając do mnie: wczoraj na ulicy Długiej w Krakowie strasznie chciałam przylać parasolką pewnemu nieuprzejmemu panu, ale tego nie zrobiłam, mając na uwadze swój wizerunek. A nieuprzejmy pan tylko na tym skorzystał.

Pan z telewizji

Była godzina druga w nocy. Kobiety miały cienie pod oczami, mężczyźni siny zarost na policzkach. Wszyscy byliśmy już bardzo zmęczeni. Kręciliśmy film. Nocne zdjęcia.

Scena rozgrywała się w pustym o tej porze laboratorium chemicznym, specjalnie na ten cel wynajętym. Aktor grający rolę naukowca dokonującego eksperymentów na zwierzętach miał stać na korytarzu i rozmawiać ze swoim pracownikiem, trzymając na rękach małpkę. „Gdzie to zwierzę?", krzyknął nagle niewyspany, bardziej od innych zmęczony i zarośnięty reżyser. „Dawajcie tę małpę!" Wypożyczona z jakiegoś zoo, czekała w klatce na korytarzu na swoją kolej. Wyrwane w nocy ze snu i wciśnięte do ciasnej klatki, śmiertelnie przerażone zwierzę skuliło się w kącie między kratami i drżało. „Dawajcie wreszcie tę małpę!", wrzasnął jeszcze raz reżyser, a jego dwaj asystenci zaczęli nerwowo wyciągać opierające się stworzenie, na siłę odrywać uczepione rozpaczliwie prętów łapki. Kiedy im się to wreszcie udało i aktor w białym fartuchu wziął je na ręce, okazało się, że małpka jest ranna. Z jej łapki na biały kitel kapała krew.

Patrzyłam na to wszystko z boku. Widziałam jej przerażone oczy, jak drżała, krew na białym fartuchu. Nie wytrzymałam: „Tak nie może być. Ona jest ranna, przerwijcie zdjęcia; trzeba ją choćby opatrzyć", powiedziałam głośno. Powiedziałam i natychmiast odczułam — omalże fizycznie — niechęć moich kolegów. „Zwariowałaś?", odezwały się głosy. „Zamknij się! Chcesz, żebyśmy tu siedzieli do rana? Wiesz, ile to kosztuje? To i tak nie twoja sprawa, ty tylko robisz kostiumy!" Nic już nie mogłam poradzić. Wycofałam się na zaplecze i płakałam z czołem opartym o ramię miłej, starszej garderobianej, która układała kostiumy w walizkach.

I naprawdę przysięgam: obiecałam sobie, że przestanę pracować w show-biznesie. Raz na zawsze, kiedy tylko znajdę jakieś inne środki utrzymania dla siebie i dziecka. Bo zrozumiałam wtedy, że to, co tu robimy, cały ten głupi film nie jest wart nawet paru chwil cierpienia bezbronnego stworzenia. No i słowa dotrzymałam.

Minęło parę lat, zaczęłam pisać książki. Moja pierwsza została wydana w wielu krajach. Potem przyszła druga i trzecia. Tak się jednak składa, że w związku z tym, co robię, zdarza mi się znowu pojawiać w telewizji. Tyle że po drugiej stronie kamery. Muszę to robić, a nawet lubię, bo jest to czasem jedyna droga, aby moi czytelnicy dowiedzieli się, nad czym pracuję. A na nich — i tylko na nich — mi zależy. Ostatnio, właśnie w związku z moją nową książką, zaprosiła mnie pewna poranna telewizja. Znalazłam się więc tam o świcie, drżąc nieco z chłodu i niewyspania. A także z emocji, bo one towarzyszą takim występom zawsze — zwłaszcza jeśli pracę swoją traktuje się poważnie.

Czekałam na swoją kolej na korytarzu, popijając niedobrą kawę. Wreszcie posadzono mnie w świetle reflektorów przed wycelowanymi we mnie kamerami, naprzeciwko pana z telewizji.

Mój rozmówca patrzył z miłym uśmiechem w kamerę, a jednocześnie połową czy ćwiercią twarzy był zwrócony do mnie. Ów wyczyn mimiczno-gimnastyczny, ów szpagat na twarzy musiał być i niewygodny, i bolesny — a jednak pan zdobył się dziarsko na zadanie pierwszego pytania. „Pani, zdaje się, coś napisała... książkę jakąś czy podręcznik...", powiedział lekko, acz niepewnie. Przytaknęłam. Czułam na sobie oko kamery, wiedziałam, że mam tę jedną chwilę, że zaraz będzie po wszystkim.

Pomyślałam, że poświęciłam całe miesiące ciężkiej pracy, trudu i bezsennych nocy, żeby napisać książkę, a ten pan nie znalazł nawet pięciu minut, żeby się do rozmowy ze mną przygotować. Ale wiedziałam też, że nie tylko do niego mówię — że mówię do wszystkich widzów porannej telewizji i chcę im opowiedzieć o mojej książce, aby mogli ją i zechcieli przeczytać. Wykrzesałam więc z siebie kilka w miarę rozsądnych zdań. „...i jest to także książka o miłości wieku dojrzałego", zakończyłam. „Czy poznali się państwo w domu starców?", zapytał znowu lekko i uroczo pan, z oczami wpatrzonymi w kamerę, a ustami skierowanymi w moją stronę. Nie, przepraszam, nie powiedział „dom starców". Powiedział elegancko: „dom seniora". Szkoda tylko, że nie zapytał, czy tam kocha się inaczej... Wyszłam ze studia na trochę uginających się nogach. Czułam się jak owa małpka. Napiłam się w korytarzu zimnej już kawy. Nie, nie miałam do nikogo pretensji.

Codziennie, przez dwadzieścia cztery godziny na dobę, telewizor musi do nas mówić. Cokolwiek. Nasze sprawy, uczucia, nasze dokonania i cierpienia przemielone są na bezbarwną papkę. Z owej papki panowie z telewizji lepią potem zgrabne hamburgery, którymi jesteśmy karmieni. Wszyscy. Dzień i noc. Pan z telewizji nie ma czasu pomyśleć o tym, co odczuła pewna dużo starsza od niego już pisarka. Jutro będzie inna książka, inny rozmówca. A jednak pchamy się przed kamery. Wierzymy, że jest to dla nas ważne, niezbędne dla naszej kariery, naszego życia — że doda nam blasku, jakby bez tego nie było w nas żadnego światła.

Dobrze więc. Tylko jeśli zdarzy się komukolwiek z nas znaleźć w studio, w blasku reflektorów, nie wyobrażajmy sobie od razu, że jesteśmy gwiazdami. Bo może jesteśmy tylko małą, zranioną małpką w rękach pana z telewizji.

Trudne czy piękne

Czasem dzwoni do mnie ktoś z radia, z prasy czy telewizji. Lubię, kiedy mnie o coś pytają. Czuję się wtedy ważna. Myślę, że wszyscy to lubimy, choć niekoniecznie chcemy się do tego przyznać. Pochodzi to, jak sądzę, jeszcze z czasów, kiedy byliśmy dziećmi i często słyszeliśmy w domu: „Nie odzywaj się, jesteś głupi, niedojrzały — nie rozumiesz". Do dzisiejszych dzieci już może rzadziej tak się zwracamy, ale ci, którzy teraz tak chętnie wypowiadają się publicznie — noszą pewnie ciągle w sobie to niedowartościowane dziecko. Zresztą samo zastanawianie się nad pytaniem, nawet banalnym, sprawia, że coś nam się zaczyna w głowie porządkować i układać. Dlatego zawsze mówię, że nie ma pytań banalnych — są tylko banalne odpowiedzi. Zadzwonił teraz pan z gazety, a jego pytanie należało właśnie do takich — słyszałam je często, istnieje chyba tak długo, jak same media. Mianowicie: „Jaką książkę, utwór muzyczny, jakie dzieło sztuki chciałaby pani mieć ze sobą na bezludnej wyspie". Wiedziałam, że to pytanie kiedyś zostanie mi zadane, zastanawiałam się nad nim czasem — ale kiedy się pojawiło, byłam akurat w złym humorze i panu z gazety trochę się oberwało. W końcu jednak odpowiedzieć musiałam. Chodziło bowiem o to, czy mam jakąś ulubioną najważniejszą książkę, a także utwór muzyczny, którego chciałabym słuchać zawsze, w każdych warunkach. Najlepszej odpowiedzi, jaką znam, udzieliła na to pytanie Beata Tyszkiewicz. Powiedziała, że na bezludną wyspę zabrałaby *Robinsona Crusoe*, bo przecież nie ma lepszego poradnika w tej niecodziennej sytuacji.

Ja zaś zastanawiałam się jeszcze, czy nie dodać, że na bezludnej wyspie najbardziej przyda się nie żadna książka, tylko w miarę sprawny blondyn (lub brunet), który potrafi i szałas zbudować, i rybę złapać, a wieczorami umiałby opowiadać historie może ciekawsze od książkowych. Ale oczywiście tego nie powiedziałam — w obawie, że zostanę uznana za „starszą panią bez godności". Mogłabym również wykpić się rzuceniem kilku wielkich nazwisk, które „świat kultury" na takie okazje proponuje. Oczywiście Biblia, ale też Shakespeare, może Beethoven, może Leonardo... Nie! Uświadomiłam sobie, że w owym banalnym z pozoru pytaniu chodzi o rzecz dla mnie samej ważną, czy mam coś takiego... Życiowe credo, drogowskaz, wzór — jedyny i ważny na całe życie. A ja się buntuję, zawsze się buntowałam. Nie chcę, aby zmuszano mnie do nazywania wielkich — wielkimi, wybierania wieszczów, geniuszów, klasyków. Kiedy miałam czternaście lat, chodziłam czas jakiś po Krakowie z dziełami Marksa pod pachą, nigdy oczywiście do nich nie zaglądając. Szybko mi jednak to udawanie przeszło, i to na zawsze. A naprawdę jest tak, że każdy okres naszego życia, każdy czas, każdy etap naszej podróży ma swoich bohaterów, swój niepowtarzalny klimat. Ma także swoje książki. I dzieje się wtedy tak, jakby jakaś niewidzialna ręka podawała te, które właśnie są nam potrzebne. I nagle otwierają się przed nami szalone perspektywy, wciągają nas zupełnie nowe światy — czasem zachłystujemy się nimi tak bardzo, że aż zatruwają nas prawie. Potem, po latach, z rozrzewnieniem wspominamy tamte lektury. Ale był to i jest nasz własny wybór — nie musimy się z niego tłumaczyć ani go wstydzić. I nie muszą, naprawdę nie muszą to być książki uznane za wielkie! Co to znaczy: wielkie? Kto o tym decyduje? Ciekawe też, co tacy Prorocy od Wielkości sami czytają do poduszki. Bardzo ceniony przeze mnie pisarz Nabokow sporządził listę autorów mocno przereklamowanych i niekoniecznie tak wielkich, jak nam się to do wierzenia podaje. Był na tej liście na przykład Dostojewski, co do którego zawsze miałam mieszane uczucia, dalekie jednak od zachwytu. Myślałam nawet z tego powodu, że być może ze mną jest coś nie w porządku. Taki to bywa terror literackich „autorytetów". Albo „nasz" Gombrowicz... Musisz czytać Gombrowicza, rozumieć, wielbić! Albo Norwida... Jeden z naszych kapłanów sztuki powiedział, sama słyszałam, że Gombrowicz „zawsze z człowieka coś wyciśnie" — nie wiem, ja wolałabym poradzić się farmaceuty. Dość żartów. Czytać czy nie czytać? Czytać!!! Mieć swoje ulubione książki — jedyny, niepowtarzalny, przez siebie wybrany zbiór. Niech będą nieznane, nieuznane. Niech będą i znane — ale takie, które wpłyną na nasz sposób postrzegania świata. Między mną a książką musi wytworzyć się ten specjalny rodzaj porozumienia, więzi — intymności nawet. A jeśli się nie pojawi, czytać nie warto. Niezależnie od tego, jak wielkie nazwisko byłoby na okładce. Mam książki, które kocham, którym wiele zawdzięczam. Są to autorzy właśnie bardziej lub mniej znani — różni. Dla mnie są wielcy. Czytam te książki po wiele razy, potem odkładam. Wracam do nich albo i nie. Czasem odkrywam w nich coś nowego, a czasem czuję, że ich czas już minął. Przychodzą nowe. A w towarzystwie nie rzucam nazwiskami, od których dech zapiera. Po prostu siedzę w domu, czytam i nawet nie zawsze mam ochotę o tym opowiadać. Tutaj też nie zdradzę tej mojej prywatnej listy bestsellerów. Nikomu nie chcę narzucać czy sugerować moich prywatnych ocen. Ale czytajcie! Szukajcie — odrzucajcie tylko to, co was razi, a przede wszystkim nudzi.

A żeby nie było tak całkiem bez nazwisk, powiem, że ostatnio najczęściej czytam Orianę Fallaci. Podziwiam jej pasję, erudycję, odwagę. To ona jest dziś najważniejszą moją autorką. A jutro? Poczytamy — zobaczymy!

Na kolanach kanclerza

Trudno mi samej dziś w to uwierzyć, ale był w moim życiu taki czas, kiedy o mało nie zostałam posłanką do Parlamentu Europejskiego. W końcu zrezygnowałam z tego pomysłu i nie żałuję tej decyzji. No, ale wtedy były inne czasy. Lata osiemdziesiąte, stan wojenny. My, którzy byliśmy poza Polską, żyliśmy właśnie tylko nią. Ta gorączka ogarnęła także mnie. Postanowiłam działać i działałam, jak mogłam — tym bardziej że niczym to tutaj w Niemczech nie groziło. Pamiętam na przykład, jak stałam pewnego zimowego dnia na ulicy Stuttgartu z własnoręcznie wymalowanym, na własnym prześcieradle, transparentem: „Uwolnić Sacharowa!". Towarzyszył mi jedynie syn. Policja nas nie prześladowała. Zmarzliśmy tylko okropnie.

To wszystko jednak, w co się wtedy zaangażowałam, zwróciło na mnie w końcu uwagę różnych ludzi i zaowocowało ciekawymi znajomościami.

Zaprzyjaźniłam się między innymi z pewnym młodym politykiem, który akurat zaczynał robić karierę. Jest człowiekiem wybitnym — karierę zrobił, a przyjaźnimy się do dziś. Otóż ten właśnie Christoph, czyli Krzysztof po naszemu, wpadł na pomysł, że powinnam zostać posłanką europejską. „Któż, jak nie ty? — mówił. — Jesteś Europejką w każdym calu, cała twoja biografia jest europejska". Posłanką? Ja? Ciekawe. Jak każdy artysta, miałam ochotę zrobić wreszcie w życiu coś pożytecznego.

Któregoś ranka Krzysztof zadzwonił: „Słuchaj, w mieście K. jest taki kongres kobiet z różnych środowisk. Będą tam ciekawe osoby, a i ty dasz się poznać. To ważne. Będzie przemawiał kanclerz Kohl". Odpowiedziałam coś niepewnie, ale Krzysztof żadnego oporu nie akceptował. A mój problem polegał po prostu na tym, że nie miałam pieniędzy nawet na bilet. Byłam artystką, żyłam z pracy rąk, a prace sprzedawały się różnie. Czekałam na jakieś pieniądze, które nie nadchodziły. Można nawet dość długo żyć za pieniądze, na które się czeka. Ale wyjazd? Koleje w Niemczech są drogie... „Więc pojedziesz?" Nie odważyłam się odmówić — było mi wstyd. „Oczywiście!", zgodziłam się szybko. Ubrałam się ładnie, to akurat nie było trudne, zawsze miałam pełną szafę ciuchów, przeszukałam wszystkie kieszenie — znalazłam tylko trochę drobnych. W pociągu przypomniałam sobie polskie opowieści z czasów okupacji, jak to przemycało się bibułę i oszukiwało policję. Przemieszczałam się więc z przedziału do przedziału, ukrywałam się też w toalecie. Dojechałam bez biletu.

Wielka sala kongresowa była pełna rozentuzjazmowanych pań w różnym wieku. W bufecie kupiłam sobie bułkę. Kawę i herbatę dawali za darmo. Rzuciłam się w wir polityki. Zabierałam głos w dyskusjach. Wygłosiłam nawet większe przemówienie, było w nim o Polsce, o jutrzence wolności i różnych takich. Spodobało się, klaskali.

Na zakończenie miał przemówić Helmut Kohl. Jego przemówienie nagrodzono gromkimi oklaskami. Zerwałam się z krzesła i podeszłam do niego, kiedy schodził z trybuny. „To było piękne przemówienie, Herr Bundeskanzler — powiedziałam i podałam mu rękę. — Nazywam się Roma Ligocka i jestem z Polski". Kohl, trochę zdziwiony, spojrzał z wysokości swoich stu dziewięćdziesięciu kilku centymetrów wzrostu na to coś małego, co sięgało mu mniej więcej do kolan, ale w końcu uśmiechnął się grzecznie i powiedział, że bardzo się cieszy. Stojący obok niego ochroniarz z wąsikiem miło się uśmiechnął — wyraźnie uznał mnie za starą, dobrą znajomą kanclerza. Byliśmy już otoczeni sporym wianuszkiem osób. „Proszę zobaczyć, jak się pchają, jak dzicy", powiedział do mnie poufale ten z wąsikiem i położył mi opiekuńczo rękę na ramieniu. Ruszyliśmy razem.

Przed wyjściem z hali stała limuzyna z otwartymi drzwiami. Kohl ledwie zdążył do niej wsiąść, a w tejże chwili coś zakotłowało się za nami, ktoś się chyba potknął, tłum naparł na nas. Ktoś mnie pchnął i nagle znalazłam się w samochodzie na kolanach kanclerza, a on typowo męskim odruchem, zupełnie nieświadomie, objął mnie w talii. I tak siedzieliśmy sobie bardzo miło przez krótką chwilę.

„A pani co tu robi?", odezwał się nagle z wnętrza wozu wysoki głos pani kanclerzowej. Wtedy dopiero się przeraziłam. „Ja? Ja tylko chciałam do domu", wyjąkałam w panice. Wąsaty ochroniarz szybko podał mi rękę i pomógł wysiąść. Trochę oszołomiona znalazłam się na ulicy i skierowałam się w stronę dworca. Niedługo potem siedziałam w pociągu, a naprzeciwko mnie blada, anorektyczna dziewczyna z matką, przez cały czas próbującą zmuszać ją do jedzenia. Zaszyłam się w kąt przedziału. Nie miałam już siły martwić się o bilet. Blada panienka z podkrążonymi oczami naprzeciwko mnie rozpaczliwie odpierała ataki matki usiłującej wcisnąć jej do rąk jakieś pożywienie. Kiedy w drzwiach pojawił się konduktor, dziewczyna akurat szczęśliwym dla mnie trafem zemdlała i upadła do naszych stóp. Zerwałam się z ławki. „Lekarza!", krzyknęłam dramatycznie. Na korytarzu zbierał się tłumek gapiów. Biletów nikt już nie kontrolował.

Po wyjściu z dworca czekał mnie jeszcze przejazd autobusem. „Proszę o bilet", powiedział kierowca. „Przepraszam, nie mam. Może mogłabym zapłacić jutro, bo zgubiłam portmonetkę?" „Każdy by tak chciał", odparł zimno i zatrzasnął mi drzwi przed nosem. Zaczęło padać. Poszłam więc piechotą do domu, w deszczu, pod górkę. Ale uśmiechałam się do siebie po drodze. Gdyby ten kierowca wiedział, myślałam sobie, że tego popołudnia siedziałam na kolanach kanclerza Niemiec...

Jesień i smak czekolady

W niedzielę rano chodziłyśmy z mamą na grób ojca. Nie było daleko, zaledwie parę ulic. Zawsze w niedzielę rano, po śniadaniu. No, może nie zawsze — nie wtedy, kiedy padał deszcz — ale bardzo często.

Tak to pamiętam. Najpierw porządkowałyśmy grób. Mama dawała mi małą łopatkę, grabki. Sadziłyśmy kwiatki, podlewały. To było jak praca w ogródku, lubiłam ją. Potem zapalałyśmy lampkę. Małe światełko słabo było widoczne w szarości poranka, ale jej ciepło miło grzało ręce. Potem omiatałam miotełką płytę, na której było nazwisko ojca i jego ojca, czyli mojego dziadka. Obaj umarli młodo — jeden miał trzydzieści siedem, drugi trzydzieści dziewięć lat. Dziadek zapracował się po prostu na śmierć, bo chciał synowi zostawić coś po sobie, jakieś dobra doczesne, majątek. Jego synowi zaś wojna zabrała to wszystko, później zabrała zdrowie, a w końcu życie. A teraz ja delikatnie wodziłam miotełką po ich wyrytych w kamieniu imionach i nazwiskach.

Mama krzątała się jeszcze jakiś czas, wyjmowała z torebki miękką szmatkę i polerowała marmur. W końcu brała mnie za ramię i odchodziłyśmy kilka kroków, aby przyjrzeć się dokonanemu dziełu. I było przez chwilę całkiem przyjemnie. Ale zaraz potem robiło się strasznie. Bałam się zawsze tego momentu, nie chciałam go, ale wiedziałam, że nastąpi. Otóż mama, skończywszy prace porządkowe i otrzepawszy ręce, stała jeszcze przez chwilę z pochyloną głową i przymkniętymi oczami — a potem zaczynała płakać. Nagle, gwałtownie i rozpaczliwie. A ja nie mogłam zrozumieć dlaczego — skoro jeszcze przed chwilą krzątała się raźno, zupełnie jak na własnym balkonie...

Stałam koło niej, nie czułam nic, może tylko trochę winy, jakby płakała przeze mnie, i jakiegoś nieokreślonego wstydu za siebie i za nią. Chciałam też płakać, pewnie tak było trzeba — ale nie mogłam. Chciałam myśleć o ojcu, lecz nic nie przychodziło mi do głowy. Myślałam więc o jakichś głupstwach, o nie odrobionym zadaniu szkolnym albo o tym na przykład, że cisną mnie niedzielne buty... Zastanawiałam się tylko, czy mogłabym położyć na grobie listy, które czasem pisałam do ojca wieczorami albo w nocy, pod kołdrą, przy świetle latarki, kiedy nie mogłam spać. Opowiadałam mu wtedy o wielu rzeczach, o których bałam się mówić mamie. Przede wszystkim dlatego, żeby znowu nie martwiła się i nie płakała. Chciałam zwinąć te listy w rulonik, przewiązać wstążeczką jak laurkę i położyć na marmurowej płycie koło jego nazwiska. Ale chyba nie było wolno tego robić, zresztą na pewno zaraz przeczytałaby je mama... Więc kładłam na grobie zawsze tylko mały kamyk.

„Chodźmy już", mówiła mama. „Nie jest ci zimno?", pytała. Zawsze tak pytała, nawet latem. „Nie jest ci zimno?" i „Nie jesteś głodna?" — zawsze. Szłyśmy potem do kawiarni. Było tam głośno, tłoczno, spotykałyśmy różnych wujków i ciocie — znajomych mamy. Wszyscy śmiali się wesoło, rozmawiali — mama też. „Zjedz ciasteczko", mówiła. „Skosztuj, jakie dobre. Nie jesteś głodna?"

Przypominam sobie to wszystko dziś, idąc parkowymi alejkami do mojego krakowskiego mieszkania. Drzewa ledwo majaczą w mlecznym jesiennym świetle. Zapadam się w miękkim dywanie z zeschłych, żółtych liści. Tu, w Krakowie, jest grób mojego ojca. Mama pochowana jest w Wiedniu, a grób mojego męża jest w pobliżu Monachium. Gdybym chciała odwiedzić ich mogiły — byłabym przynajmniej tydzień w podróży. Tak mi się wszystko w życiu pokręciło...

Idę przez mroczniejący park, próbuję z zewnątrz przyglądać się tej drobnej pani, która otulona ciepłym płaszczem, z rękoma w kieszeniach, lekko pochylona, zmierza do domu. Kim jestem teraz? Jesienią wszyscy częściej się sobie samym przyglądamy. Jesteśmy sobie jakby bardziej potrzebni. Wiosną wszyscy choć trochę jesteśmy ekstrawertykami. Bardziej obchodzi nas świat dookoła niż nasze wnętrze.

A potem wracamy ze spaceru, z pracy, wracamy po długiej wędrówce, czekamy na siebie w domu z filiżanką herbaty — z cytryną albo z rumem. Urządzamy się w sobie — kupujemy futrzane botki albo filcowe pantofle, dbamy o siebie.

Zgodnie z nieodmiennym i niezniszczalnym porządkiem rzeczy i spraw — wiosną budujemy nasz dom, latem urządzamy go i meblujemy. Jesienią zapalamy w nim ogień — w kominku, w piecu czy choćby w małej lampce... A nasi bliscy zmarli żyją przecież przede wszystkim w naszych sercach, w pamięci przyjaciół, żyją w naszych dzieciach. Modlić się można za nich nie tylko na cmentarzu, nie tylko w świątyni, ale także stojąc w domu przy oknie, wpatrując się w ciemne niebo, zapalając świeczkę.

No, dosyć melancholii. Trzeba wyjść z mrocznego parku, otrzepać stopy z liści, poszukać przyjaznych ludzi. Wchodzę do mojej ulubionej kawiarni, spotykam znajomych. „Jesteś" — mówią — „wróciłaś". Jestem, pewnie, że jestem, zawsze wracam jesienią. Zamawiam gorącą czekoladę. Jest ciemna, gęsta jak krem i pachnie odurzająco. Nie znam na świecie miejsca, gdzie podawano by lepszą. Wdycham jej aromat — filiżanka ogrzewa mi ręce. Ostrożnie kosztuję: gorąca i słodka. Myślę, że polubiłaby ją również moja mama.

Pani z pokoju 520

Po roku pracy nad książką byłam mocno zmęczona i postanowiłam zrobić sobie krótkie wakacje, w słońcu, na plaży.

A u nas nadchodziła właśnie zima. Do tej pory rzadko pozwalałam sobie na taki luksus, chociaż zawsze uważałam, że ze wszystkich sposobów wydawania pieniędzy inwestowanie we własne wakacje jest jednym z najlepszych — i dla ciała, i dla ducha. Dla ducha może jeszcze lepszym.

Byłam więc kilka dni na słonecznej wyspie, jako jedna z ponad pięciuset gości w dużym hotelu. Opalałam się, spacerowałam po plaży. Kim byłam? Nikim. Po prostu. Dla recepcji byłam tylko panią z pokoju 520, dla plażowiczów taką śmieszną osobą, która wyraźnie boi się wody, ale jednak do niej wchodzi. W restauracji — tą drobną brunetką w czerwonej sukience, siedzącą przy stoliku pod oknem, która chętnie wypija sobie piwko, ale zawsze tylko jedno. Dla nikogo nie miało to i tak żadnego znaczenia. A ja pławiłam się w beztroskim wypoczynku, cieszyłam się, że nie muszę grać żadnej roli, bo nikogo nic tu nie obchodzę. Chociaż niezupełnie. Pewnego dnia, kiedy kąpałam się w basenie, na brzegu usiadła para w średnim wieku. Niemcy. Pani czytała pismo ilustrowane, w którym właśnie ukazała się rozmowa ze mną oraz moje duże zdjęcie. „Słuchaj, słuchaj — powiedziała pani do pana. — To jest ciekawe, przeczytam ci", i wskazała palcem moje oblicze w gazecie. „Później, kochanie — odpowiedział leniwie pan i zamoczył jedną stopę w wodzie. — Później mi przeczytasz". Kiedy po chwili wyszłam z wody, na wszelki wypadek wciągnęłam brzuch i uśmiechnęłam się miło. Ale niepotrzebnie — państwo w ogóle nie zwrócili na mnie uwagi. No pewnie: dla zdjęcia trudzili się nade mną wiele godzin fotograf i wizażystka. A tutaj w brązowym kostiumie kąpielowym i w czepku, miałam tylko własną twarz. Państwo wprawdzie mechanicznie odwzajemnili uśmiech, ale mnie nie rozpoznali — tym lepiej.

Zastanawiam się nieraz, dlaczego różnym gwiazdom filmowym — większym, a tym bardziej mniejszym — tak ogromnie zależy, aby zawsze i bez przerwy być rozpoznawanym. Wprawdzie nieraz mówią co innego, ale ja wiem, że zależy im na tym śmiertelnie. Ja mam łatwiej — nie jestem gwiazdą, tylko piszę książki. Może więc istotniejsze jest, co mam w głowie, a nie na twarzy. Niemniej czasem bywam rozpoznawana — przeważnie jest to bardzo miłe. A często rozpoznawana nie jestem — i też pięknie. Daje mi to szansę zanurzenia się w świecie takim, jaki jest.

Lubię być nikim: ot, kobietą w futrzanej czapce, osobą siedzącą w kinie albo właśnie panią z pokoju 520. Lubię być czasem lekka i bez znaczenia, jakbym była tylko własną kopią — przezroczysta, niewidzialna. „Wsiąść do pociągu byle jakiego, nie dbać o bagaż, nie dbać o bilet…"

Rozmyślałam sobie o tym wszystkim, gdy wracałam samolotem, a mój cudowny niebyt już się kończył. „Pani Romo, gdzie pani się podziewa? Niepokoimy się", usłyszałam w domu nagrany na sekretarce głos mojej pani redaktor. Inny energiczny głos domagał się, aby: „Pani Ligocka natychmiast oddzwoniła w pilnej sprawie". Ze skrzynki wysypała się sterta listów zaadresowanych do mnie. Byłam więc znowu Romą Ligocką — sobą.

Zbliżały się święta. Miała przyjechać do mnie rodzina. Będę więc przede wszystkim gospodynią, mamusią gotującą barszczyk. Właśnie w święta bardzo chciałam być: kochającą mamą, dobrą ciocią, czułą przyjaciółką. I może mi się nawet to udało.

Kim więc jesteśmy i kiedy jesteśmy naprawdę? Lubię czasem zanurzyć się w tłumie obcych przechodniów. Lubię mieszkać w hotelach. Lubię, siedząc w kawiarni, obserwować ludzi, zastanawiać się, jaki zawód wykonują, jak się nazywają, ile mają lat. Prawdopodobnie nigdy się tego nie dowiem. Oni też nie dowiedzą się, kim była ta pani, która właśnie samotnie wypiła tu *cappuccino*.

A jednocześnie tak pragnę i zawsze pragnęłam być dla kogoś ważna, najważniejsza. Być narzeczoną, żoną, matką...

Razem ze mną w hotelu na wyspie przebywało młode małżeństwo z córeczką. Julia była jeszcze tak mała, że większą część czasu spędzała na rękach mamy. Zasypiała ze słowem „mamusia" na ustach i z tym słowem się budziła. Mamusia była dla niej najważniejszą na świecie istotą. Dla Julki owa ciemnowłosa kobieta nie była ani absolwentką jakichś tam szkół, ani pracownicą banku. Nie była młoda ani stara, ładna ani bogata — była mamusią, całym światem.

Być dla kogoś. Być choć raz w życiu, choć przez moment, kimś niepowtarzalnym, jedynym. To wielkie szczęście. Kiedy jesteśmy zakochani, uświadamiamy je sobie najmocniej. Czujemy to wtedy całym sobą, od stóp do głów. Jeszcze z większą siłą jednak wtedy, kiedy mały człowieczek po raz pierwszy powie do nas: „mama".

Ale przecież wystarczy być tylko siostrą, córką, przyjaciółką. Wystarczy, aby choć czasem poczuć się potrzebnym, niezbędnym, wystarczy usłyszeć: „Dobrze, że jesteś" — usłyszeć od kogokolwiek — aby doznać tego dojmującego uczucia istnienia i niepowtarzalności własnej osoby. Może więc ktoś, komu dane to było przeżyć, jest człowiekiem szczęśliwym. Być dla kogoś, kiedyś, gdzieś — całym światem... Wtedy można już spokojnie pozwolić sobie na luksus wakacji od samego siebie, ucieczki w niebyt, zabawy w bycie kimś innym — po prostu panią z pokoju 520.

Znajoma z lustra

Zacznę nieskromnie: otóż bardzo lubię moje wieczory autorskie. Spotkania z czytelnikami, którzy przychodzą do mnie po autograf, po uśmiech, po to, by wymienić kilka miłych słów. Jestem wtedy bardzo wzruszona i podniesiona na duchu.

Ale czasem przychodzą „osoby". Przeważnie tęgie. Noszą przyciężkie żakiety, łańcuszki mają na szyjach, a na palcach pierścienie. Brody ich siwe, kręcone włosiska — chciałoby się powiedzieć. A ja na ich widok mam ochotę ustąpić im miejsca — bo to przecież takie poważne panie, starsze i dostojne. Aż nagle słyszę: „Co ty, Roma, nie poznajesz? To ja, Hania z siódmej klasy, w drugiej ławce siedziałam. A to Bronia z kolonii w Rabce. No co? Nie pamiętasz?". Zaskoczona, zaczerwieniona, uruchamiam wehikuł czasu, włączam w nim wsteczny bieg i rzeczywiście widzę. Widzę Hanię, Bronię...

Hania miała przepiękne ciemne loki, Bronia koński ogon, duże niebieskie oczy i masę wdzięku. Szczupłe były wszystkie. A teraz co? Baby! Jest mi przykro, że ich nie poznałam. A jednocześnie czuję się oszukana i okradziona ze wspomnień. Gdzie jest Bronia, Hania? Gdzie są urocze dziewczyny z moich wspomnień? Zamiast nich spotykam baby.

Któregoś dnia po takim frustrującym spotkaniu spojrzałam w lustro i ogarnęły mnie wątpliwości. Może jestem zarozumiała, nieskromna, niesprawiedliwa? A może trzeba się przyjrzeć krytyczniej sobie? Wyciągam więc pudełko ze starymi zdjęciami — nie, nie koleżanek, własnymi. Przyglądam się uważnie tej dziewczynie, którą kiedyś byłam. Co w niej było takiego, że podobała się ludziom, że zauroczyła jednego czy drugiego mężczyznę? Co zgubiła, a co ocaliła? I tu uwaga! Odkryłam w owej chwili sposób na odmłodzenie. Nie wymaga kremów, diet i zabiegów — wymaga tylko wyobraźni. Spróbujmy odnaleźć dziewczynę, którą byłyśmy. Te najmłodsze, jeszcze przed trzydziestką, które sądzą, że ich to na razie nie dotyczy, niech poćwiczą na mamie, przyjaciółce, ukochanej cioci. Potem im też się to przyda.

Przyjrzyjmy się więc naszemu zdjęciu z czasów, kiedy miałyśmy, powiedzmy, dwadzieścia lat. I cóż przeważnie widzimy? Widzimy ładne włosy, fryzurę, w której było nam do twarzy, a nie taką ostrzyżoną „na męsko" — jaką dziś uważamy za „praktyczną". Widzimy oko pełne blasku, nie obmazane jaskrawą szminką (najczęściej — nie wiadomo dlaczego — turkusową). Widzimy jasną buzię, jeszcze bez cieni po zarwanych nocach, bez worków pod oczami i śladów łez wypłakanych za tym, który na pewno nie był tego wart. Widzimy zabawną dziewczynę ze śmiesznymi kolczykami w uszach — nie obwieszoną ciężką biżuterią, ubraną w obcisły sweterek, a nie w żakiet ze sztywnymi ramionami, no i szczupłą. Szczupłą!

Pomyślmy: lat temu trzydzieści, czterdzieści czy ileś tam — dano nam we władanie nasze ciało. Dano nam je nowe, piękne, boskie prawie. I co zaczęłyśmy z tym ciałem wyprawiać? Niektóre z nas zadręczały je anoreksją, a potem przeszły w drugą skrajność. Inne od razu zaczęły się obżerać i tyły, tyły, tyły. A potem po prostu przestały się tym ciałem interesować. Ono swoje — a one swoje. I tak doszłyśmy do momentu, gdy już tylko kochamy nasze dzieci, niektóre z nas jeszcze kochają partnera — ale już prawie nie kochamy siebie. No, bo i za co kochać tę babę, którą z siebie zrobiłyśmy? Dobrze, dobrze, ma ta osoba sukcesy w pracy, ma dyplom i samochód. Może i tytuł naukowy ma. Ale spójrzcie na to zdjęcie sprzed lat. Na uroczą dziewczynę, która jeszcze nie miała sukcesów, która sama dla siebie była sukcesem. Która niczego nie była pewna, ale wszystkiego ciekawa. Czyż nie warto jej było lubić? A jeśli tak, to droga jest jedna: odnajdźmy ją w sobie. Jeszcze naprawdę nie wszystko stracone, jeszcze dużo z niej zostało. Bardzo dużo. Może na początek odzyskać coś z dawnej radości życia, niefrasobliwości tej dziewczyny?

Czyż muszę zapewniać, że nie tylko o powierzchowność mi chodzi? A co zrobiłyśmy z naszą duszą? Co z tą lekkością, ciekawością świata? Co z uczuciem, że w każdej chwili można zagrać od nowa... w nową grę?

Więc może, trzymając w rękach starą fotografię, przypomnijmy sobie, za co lubiłyśmy siebie, za co lubili nas koledzy, za co pokochał ten pierwszy... Może nie wszystko pogubiłyśmy po drodze. Może gdzieś jest... Może więc uda nam się jeszcze ją odnaleźć i polubić od nowa — ową znajomą dziewczynę z lustra.

Czułość

Jechałyśmy z panią Alą polskimi drogami.

Wyruszyłyśmy wcześnie, choć z Krakowa do Małego Miasta jest tylko niecałe dwieście kilometrów. Miałam podpisywać książki w tamtejszej księgarni. Staram się nie odmawiać takich spotkań, niezależnie od tego, czy są w Warszawie, Nowym Jorku, czy tylko w Małym Mieście. Myślę po prostu, że każdy czytelnik, który kupił i przeczytał moją książkę, wybrał ją niejako z powodzi innych lektur, ma prawo do rozmowy ze mną. Więc jedziemy: pani Ala z wydawnictwa i ja. Początek zimy — szaro, mgła. Polska droga szybkiego ruchu. Jacyś szaleńcy z przeciwnej strony, furmanka z koniem i sterczącym dyszlem przed nami. Remonty. Robi się mroczno i zimno. Napiłabym się kawy. Ale takiej kawy, o której marzę, nie dostanie się między Krakowem a Małym Miastem. Więc może coś zjeść?

We mgle majaczy rozświetlona knajpa. Wchodzimy. Tylko że w restauracji jest wesele, a raczej było. Teraz już się kończy. Wielki stół — większość biesiadników drzemie z głowami obok talerzy. Albo nawet nie obok. Na środku stołu, pod lampą, pośród resztek jadła, rozpływa się od gorąca wielki tort. Zatrzymujemy się z Alą na progu. „Przepraszam, czy jest tu jakiś bar, kawa?" — pytam bez nadziei. — „Nie ma baru" — ciemno odziany pan młody podnosi na nas zmęczone spojrzenie. „Nic nie ma. Skończyło się" — rzuca, po czym zasypia znowu.

Jest już całkiem ciemno, gdy z dużym opóźnieniem docieramy do Małego Miasta. Przed księgarnią grupka ludzi właśnie się rozpierzcha. Mam ochotę wyskoczyć z auta, próbować ich zatrzymać, ale autorce trochę nie wypada, a zresztą jest tak zimno...

W księgarni czeka jeszcze pięć osób i jedna ruda pani z radia. „Było nas więcej z mediów — mówi, zapalając papierosa — ale rozeszła się wieść, że pani nie lubi dziennikarzy i dlatego specjalnie się spóźnia, więc poszli sobie". „Cóż za absurd! — oburzam się. — Przecież ja ich po prostu uwielbiam". Ale nie mam już komu tego tłumaczyć. Podpisuję więc pięć książek, rozmawiam chwilę z owymi pięcioma osobami. Czeka nas ta sama droga z powrotem, w ciemności. Tymczasem dziennikarka ma zamiar przeprowadzić ze mną dłuższą rozmowę w radiu. „Zamówiłam studio dopiero na ósmą. Myślałam, że na panią przyjdą tłumy" — tłumaczy.

Siedzimy więc w pustej księgarni i czekamy. Przyglądam się jej: po czterdziestce, nerwowa, dużo pali. Pewnie matka wychowująca samotnie dwójkę dzieci — myślę. Na pewno nie ma łatwo w Małym Mieście. Rozmawiamy. Nagle dopada mnie wspomnienie. „Tu, w Małym Mieście, mieszkał taki malarz — mówię dziennikarce. — Nazywał się Adam Maryński. Studiowałam z nim na krakowskiej ASP. Przyjaźniliśmy się. No, właściwie był to romans. Potem straciłam go z oczu"...

„Maryński? Adam? Ależ oczywiście — pani z radia jest zachwycona. — To jest tutaj bardzo ceniony artysta. Nawet mieszka niedaleko". „Naprawdę?" Adaś Maryński, wysoki, szczupły, jasnowłosy. Malował piękne, poetyckie obrazy, już wtedy tak dojrzałe, jakby niczego nie musiał się uczyć. Pejzaże rozedrgane światłem, kolorem, trochę jak ze snu. O malarstwie wiedział wszystko, tłumaczył mi, na czym to naprawdę polega. No i kochał się we mnie, choć nie wiem, czy to jest właściwe słowo. Miał dla mnie cierpliwość, ciepło, czułość. Ową delikatną czułość, której nie doznałam już nigdy w życiu. Kupował mi kwiaty, choć miał tylko, jak wszyscy wtedy, bardzo niewielkie stypendium. Raz nawet kupił mi buty, po prostu dlatego że zapatrzyłam się na nie na wystawie sklepowej. To był tylko mój głupi kaprys, a on wydał na nie całe swoje biedne stypendium. Piliśmy ciepłą wodę z sokiem, czasem jakieś wino i zagryzaliśmy serkiem topionym. Na nic innego nie starczało. Malował moje portrety — przepiękne. Patrzył na mnie z uwagą, łagodnie, jakby tylko on zauważył, że jestem osobą kruchą, potrzebującą opieki. Innym mężczyznom w moim życiu nawet to nie przyszło do głowy...

Tymczasem ruda dziennikarka nie traci czasu. Telefonuje. „Spotkamy się z nim w radiu za piętnaście minut" — mówi wreszcie. Panika. Lusterko. Jak wyglądam? Ach, nie warto, i tak nie zmażę tych wszystkich lat.

Siedzimy potem w studiu, w bezlitosnym świetle jarzeniówek, i pijemy niedobrą kawę. Adam oczywiście też się zmienił, przytył. Ale pozostał miły, mądry i nadal traktuje mnie z czułością. Mamy tylko pół godziny, potem muszę jechać. Z wrażenia zapomnieliśmy wymienić adresy. Ale niedawno dostałam od niego przesyłkę i list.

„Przez lata pisałem do Ciebie nie wysłane, szalone listy. Snułem jakieś nieprawdopodobne marzenia. Teraz przyjechałaś i wszystko zepsułaś... Twój adres zdobyłem przez wydawnictwo". W przesyłce szkice do moich portretów, które kiedyś malował. Dziewczyna z ciemnymi włosami upiętymi w kok. Ja?

Nie podał adresu — zapomniał czy nie chciał? A ja chętnie bym mu odpisała. Myślę, że jednak nie wszystko zepsułam. Może powinnam zadzwonić do rudej?

Czy pani mieszka sama?

Kiedy to piszę, dzień powoli dogasa za moimi oknami, nadchodzi wczesny, o wiele za wczesny zmierzch. W sercu pojawia się igiełka strachu, że znowu minął dzień, minął rok, że znów idą święta.

Kiedy byliśmy dziećmi, święta zawsze nas zaskakiwały, nie było ich, nie było i nagle nadchodziły. Kiedy jesteśmy dorośli, traktujemy je jako specjalny rodzaj egzaminu. Jak spędzimy święta, na co nas będzie stać, kto nas odwiedzi, w jakich będziemy nastrojach, czynimy jakby symbolem tego, czy i jak poradziliśmy sobie w życiu. A przecież każdego innego, zwykłego dnia, który dane nam jest przeżyć, też mamy okazję odnalezienia w sobie odrobiny święta, radości istnienia, ciekawości, co wydarzy się jutro.

W gronie bliskich mi osób mam trzy przyjaciółki, i tak się stało, że wszystkie trzy będą w te święta — każda z innego powodu — samotne.

Pierwszą z nich właśnie porzucił mąż i choć ona na co dzień bardzo rozsądnie radzi sobie z nową sytuacją, to wiem, że jednocześnie pyta siebie z niepokojem, jakie też będą te pierwsze święta bez niego. Druga moja przyjaciółka przeżyła z mężem wiele szczęśliwych lat, los sprawił jednak, że i jego w tym roku na święta w domu nie będzie. Trzecia zaś nigdy męża ani dzieci nie miała. I wiem, choć o tym nie mówi, że może jedynie w święta tę swoją decyzję uważa za jakiś osobisty brak i własną niedoskonałość.

Tak bardzo chcemy sprawdzać się w święta — wmawiać sobie, że jesteśmy dobrzy i że jest nam dobrze. Ja także co roku ulegam tej magii, a jednocześnie trochę się przeciw temu buntuję, bo myślę, że pewnie kryje się za tym może najsilniejszy z naszych lęków. Lęk przed samotnością. I chcę tej samotności bronić. Samotność, najbardziej intymny, najbardziej własny stan naszej duszy, jest naszą siłą i naszym przywilejem. Czyż trzeba przypominać, że sami przychodzimy na świat i samotnie ten świat opuszczamy?... Jesteśmy sami ze sobą przez większość naszego życia i wbrew pozorom jesteśmy do tego przygotowani.

Czerpiemy z samotności, choć nie zawsze zdajemy sobie z tego sprawę, ogromne korzyści. Czym byłyby nasze myśli, nasze uczucia, nasze plany i dokonania, gdyby nie zrodziły się w najgłębszych, najbardziej samotnych zakamarkach naszej duszy? Samotność może być źródłem odnowy i ukojenia naszych skołatanych nerwów. Nie zapominajmy o tym. To jest samotność tysiąca naszych kroków: do pracy i z pracy, do sklepu po zakupy i do szkoły dziecka na wywiadówkę. Może nie musimy zawsze szukać naszej papużki nierozłączki. Zaakceptujmy naszą samotność powszednią, zaufajmy jej. A w święta? Nie. Broń Boże, nie będę nikogo namawiała, a już szczególnie tych najbardziej zagonionych, mam, córek i żon, aby przestały być zabiegane. Wręcz przeciwnie: róbmy wszystko, co wydaje się nam, że robić musimy — biegać za prezentami, sprzątać, piec. Takiego makowca, jaki piekła moja mama, nikt nigdy na świecie już nie upiecze. A ja, głupia, zamiast jej za to wtedy podziękować, mówiłam niedbale: „Po co ty się, mamo, co roku tak męczysz?". A właśnie po to! Żebym dziś mogła ją czule i ze smutkiem powspominać.

Grajmy więc swoje role, zostawiajmy ślady naszej obecności, dawajmy świadectwo naszego istnienia. Albo jeśli taki jest stan naszej duszy (i portfela), rzućmy to wszystko i zabierzmy gdzieś rodzinę. Pomilczmy ze sobą — pokochajmy naszą świąteczną samotność. A co z tymi, którym przydarzy się, że będą w święta naprawdę sami? Nie chcę tu dawać łatwych recept, ale myślę, że nawet jeśli jesteśmy całkiem sami, mamy nasze życie: to, które było, i to, które jeszcze przed nami.

Mamy je: tajemnicze, zaskakujące, nasze własne. A przecież są to tylko trzy dni, magiczne dni, ale tylko trzy dni z łańcucha tych, które były i które przyjdą po nich. Mamy zawsze tego jedynego rozmówcę i przyjaciela, który nigdy nas nie opuści — siebie samych. Nie lekceważmy go. A kiedy nadejdzie czas życzeń, życzmy sobie ciepła rodzinnego, udanych przyjaciół i dobrej samotności.

O tym, czego nie było

Pani Maria jest chora. Bardzo się tym martwię, bo kocham panią Marię.

A oprócz tego przyjaźnię się z nią. Jest osobą bardzo mi bliską, choć nie jesteśmy i chyba nigdy nie będziemy na „ty". I czasem tak właśnie jest dobrze, a nawet łatwiej. Pani Maria jest kobietą mądrą, niezwykłą i piękną takim pięknem, które nie tylko wymalowane jest na twarzy, ale płynie i promieniuje z wnętrza. Pani Maria jest osobą uczoną, kieruje ważną placówką. Ma wielu studentów, asystentów, współpracowników. Wszyscy stale ją o coś pytają. Chcą się od niej czegoś dowiedzieć, nauczyć — czekają na jej decyzję i osąd — wierzą w jej mądrość. A w domu, po pracy, pani Maria choruje. Ma jakieś tajemnicze bóle — raz nie może nic jeść, później znowu je za dużo. Tyje i chudnie, chudnie i choruje. Kiedy jeszcze była zdrowa, chodziłyśmy czasem razem na spacer lub na obiad. Dzwoniłam do niej, chciałam się poradzić, w moich prywatnych sprawach. „Ależ oczywiście — mówiła. — Wykroję godzinkę". U niej w gabinecie nie można było rozmawiać, wiecznie ktoś wpadał, dzwonił telefon. Szłyśmy więc na długi spacer albo zaszywały się w jakiejś zacisznej kawiarence. Radziłam się jej, żaliłam, mówiłam tylko o sobie, a ona patrzyła na mnie swoimi mądrymi oczami, słuchała uważnie — i jeszcze zapewniała, że lubi ze mną rozmawiać. Kiedyś w takiej rozmowie rzuciła prawie mimochodem jakieś zdanie o swoich kłopotach ze zdrowiem. I teraz już o tym wiem.

Albo Hania. Z Hanią oczywiście jestem na „ty", bo Hania z całym światem jest na ty. Hania prowadzi dom otwarty. W jej kuchni lub w salonie zawsze siedzą goście. Ktoś wpadnie pożyczyć soli, pieniędzy albo zostawić dziecko „na przechowanie". Dostaje zupę, dobre słowo i wszystko, czego mu w danej chwili potrzeba — no i siedzi do wieczora. Niedawno Hania dowiedziała się, że ma w brzuchu jakiś guzek. Wiem, że się tym martwi, choć na ten temat nie mówi. I kiedy tak siedzimy przy jej stole i rozmawiamy o byle czym — widzę, jak jej oczy robią się nagle puste i nieobecne, i wiem, że myśli o tym guzku.

Ola ma często depresję, Ewa chyba anoreksję, bo chudnie i chudnie...

Dawniej tego nie było. Dawniej przyjaciele byli zdrowi, energiczni i weseli. Nie, nie dlatego, że byli młodzi. Ja i teraz przyjaźnię się z ludźmi młodymi. Dawniej po prostu nie widziałam ich chorób, cierpień i rozterek. Nie wiem, czy na pewno dawniej miałam przyjaciół. Był czas, kiedy traktowałam ich trochę jak statystów, jako oprawę dla siebie samej. Żeby korzystnie wypaść na ich tle. Najważniejsza byłam ja, mój mąż, dziecko. A oni? Czasem znikali, chorowali, emigrowali. Byli nawet tacy, którzy odchodzili na zawsze — popełniali samobójstwo. Myślałam wtedy o nich z niejasnym poczuciem winy, myślałam nawet dużo, ale zbyt byłam zajęta sobą. — Nie wiedziałam wtedy, jak ważni, jak niezbędni są przyjaciele. Romanse — dziś to wiem — przychodzą i odchodzą, a przyjaciele zostają. Sukces pojawia się, znika, pozostawia po sobie „czarną dziurę" i nadzieję na kolejny sukces. A moim przyjaciołom jest to obojętne — oni wiedzą, że są mi potrzebni w okresach „czarnej dziury", a w chwilach sukcesu — może jeszcze bardziej.

Pana Stefana poznałam dopiero tego lata. Ale pan Stefan studiował na tej samej uczelni co ja, czytał te same książki i słuchał tej samej muzyki. Więc od razu stał się „starym przyjacielem". Zaprosił mnie do swojego pięknego, pełnego dzieł sztuki domu nad morzem. Była w tym domu oczywiście także jego żona, bo nie o romanse tu chodziło, lecz o przyjaźń. Mój nowy-stary przyjaciel wiele lat spędził we Włoszech, gotował nam więc cudowne kolacje z makaronem, wonnymi sosami, sałatkami, *gnocchi*... i różnymi delicjami. A potem rozmawialiśmy długo przy kominku... Nie od razu zorientowałam się, że pan Stefan już od rana potrzebuje czegoś mocniejszego niż filiżanka kawy, że do południa wysącza dzban wina, a wieczorem drugi... Niedobrze — pomyślałam sobie.

— Lekarze znaleźli mi coś w gardle — wyznał któregoś dnia mimochodem (prawdopodobnie o takich rzeczach nie umiemy mówić inaczej). — Za parę miesięcy to się wyjaśni.

— Powinien pan przestać palić — powiedziałam z troską.

— Już nie warto — uciął krótko.

Asia, też jedna z moich ukochanych przyjaciółek, jest zdrowa, ale może straci pracę. Bo firma, w której pracuje Asia, redukuje zatrudnienie. Asia zaś nie jest już w wieku, w którym łatwo dostałaby nową pracę. A ja natychmiast przejmuję się także i tym. Ja sama — no cóż, na razie jakoś się trzymam. Mam tylko stany lękowe, już właściwie chroniczne. Wyczytałam w jakimś niemieckim piśmie medycznym, że nazywa się to *Generaliesierte Angst-Störung*, czyli *GAS*. Przerobiłam sobie to zaraz na *GAZ* — i nawet mi się spodobało. Bo tam, gdzie jest gaz, zwykle jest także sprzęgło i hamulec, więc można tym kierować — czyli jakoś sobie poradzę.

Tylko nocami, a nocy bezsennych mam wiele, myślę o tym wszystkim. Martwię się o siebie, martwię się, że mój syn za dużo pracuje. No i martwię się o nich — moich przyjaciół — cenniejszych od złota i brylantów. Modlę się, żeby pani Maria była zdrowa, żeby Asia miała pracę… Rozmawiam o nich z Panem Bogiem: „Dajże im wszystkim po trochu — proszę Go. — I mnie w opiece swej miej".

Pszczółka

Czasem naprawdę już z góry to wiem. Mam w ręce kopertę — pewnie list od czytelnika. A ja już wiem, co w nim będzie. Wracam samotnie do domu — czeka mnie stosik kolorowych listów. Najpierw robię sobie herbatę. Następnie rozkładam te listy na stole, jak ogromny wachlarz. Czasem są zaadresowane na komputerze, ale najczęściej ręcznie, obcym, nieznanym charakterem pisma. W większości zawierają miłe, dobre słowa, pytania o moją pracę. Ale czasem... Tę kopertę wyjęłam pewnego dnia ze skrzynki pocztowej — leżała tam samotnie dość długo, gdyż dawno nie było mnie w domu. Trzymałam ją w palcach, stojąc w windzie, i już wiedziałam, co w niej będzie. Bo znałam ten adres, znałam to nazwisko. Z tą dziewczyną zaprzyjaźniłam się już po pierwszym jej liście. Do dziś nigdy jej nie widziałam. Zresztą „zaprzyjaźniłam się" to może nie jest właściwe słowo.

Jej list ugodził mnie w samo serce. „Mam bardzo chorą córeczkę" — pisała. I właśnie ze mną postanowiła się swoim nieszczęściem podzielić. A ja natychmiast poczułam się winna, jakoś odpowiedzialna za chorobę tego dziecka i za to, że nie wyzdrowieje i że nic już nie będzie dobrze.

Odpisałam oczywiście jak najserdeczniej. I potem, po paru miesiącach, kiedy trzymałam w palcach ową kopertę, wiedziałam, że to już się stało.

„Nie ma już mojej córeczki..." — pisała młoda kobieta. Siedziałam potem długo przy biurku... była we mnie wielka cisza. Życie tylu już rzeczy mnie nauczyło, ale nadal nie umiem odpowiadać na takie listy. Na szczęście my kobiety tak już jesteśmy skonstruowane, że tam, gdzie rozum zawodzi, odzywa się serce, więc jakoś odpowiedziałam, choć miałam świadomość, że to tak mało, o wiele za mało. Minęły od tego czasu prawie dwa lata, i teraz przyszedł list trzeci. A były w nim nie tylko noworoczne życzenia: „Pani Romo — chcę, aby Pani się o tym dowiedziała — niedługo będę miała dziecko. Też będzie dziewczynka — oboje z mężem tak bardzo na nią czekamy, mamy już dla niej imię. Są więc i zawsze będą ze mną obie — ta, która odeszła, i ta, która ma się narodzić...".

Oto historia smutna i piękna, jedna z wielu, którymi tak często obdarzają mnie znajomi, czytelnicy, przyjaciele. A ja nie mogę zachowywać się tak, jakby mnie nie obchodziły. Więc zbieram je, zbieram, jak pracowita pszczółka. I jedyne, co mogę zrobić, to spróbować te pyłki, odpryski ludzkiego bólu i cierpienia — zamienić w słodki spokój łagodnego smutku. Mądrości życiowej — pogodzenia się z losem. Bywa też, choć rzadziej, że przypływają pyłki pogodne i radosne. „Droga Pani Romo, właśnie zdałam na upragnione studia i posyłam Pani zdjęcie mojego śmiesznego pieska — nazywa się Kropka". Stawiam zdjęcie na biurku. Rzeczywiście miły piesek.

I tak to się toczy. Zauważyłam, że więcej piszę i więcej myślę ostatnio o innych — mniej o sobie samej. Pewnie jest to rezultat procesu nazywanego po prostu dojrzewaniem. U jednych pojawia się on wcześniej, u innych, tak jak u mnie, bardzo późno. Odkrywamy wtedy innych ludzi, a oni odkrywają nas. Wbrew pozorom bowiem okres młodości jest okresem wielkiej samotności. Jesteśmy sami z sobą — zapatrzeni w siebie, niepewni swoich zachowań, reakcji, tak samo jak swojej urody. Sami dla siebie staramy się być lustrem. Niezależnie od tego, ilu mamy znajomych — jaki tłum kłębi się wokół nas — obecność tych wszystkich ludzi to taka dziwna obecność, równa w istocie nieobecności.

Dziś oczywiście moje kontakty z innymi ludźmi nie ograniczają się tylko do korespondencji. Każde bezpośrednie spotkanie staje się w jakiś sposób ważne. Czasem mnie zaskakuje — a bywa, że ten przelotnie spotkany człowiek odchodzi, zostawiając u mnie swoją historię. „W dobrych rękach", jak mówi. A ja, jak pszczółka, próbuję w coś ją przemienić, uchronić niepowtarzalność tej historii i tej osoby od zapomnienia.

Na dużym przyjęciu, zwanym dziś party, spotykam, jak zawsze ładną i pięknie ubraną, znaną mi z widzenia dziennikarkę. Rzeczywiście i tym razem ma na sobie niezwykłą i oszałamiającą sukienkę. Właśnie zamierzam powitać ją jakimś banalnym komplementem, kiedy ona nagle bierze mnie za rękę: „Muszę z panią porozmawiać, chodźmy w jakieś spokojne miejsce". Siadamy więc na pluszowej kanapie, między szczękiem kieliszków a dudnieniem muzyki, w mieszanym zapachu papierosów i wszelakich perfum. „Niedawno, parę tygodni temu, umarł mój ojciec", opowiada, a jej pięknie umalowana twarz staje się nagle twarzą małej dziewczynki. „I wie pani, dopiero po jego śmierci, kiedy przeglądałam papiery, dowiedziałam się, że był Żydem. Dlaczego oni mi tego nie powiedzieli? Ani mama, ani nikt. Dlaczego o n mi tego nie powiedział. Dlaczego mi nie ufał?" Patrzy na mnie bezradnie. Rozstajemy się potem, odchodzi, szeleszcząc taftową spódnicą — a ja oczywiście do dziś nie wiem, czy to, co powiedziałam, choć trochę pomogło...

„Wiesz, przekonałem się — mówi spotkany przypadkowo, po długim niewidzeniu, kolega —

teraz, kiedy żona odeszła, przekonałem się, że tak naprawdę nigdy nie mieliśmy przyjaciół. Może nie byli nam potrzebni…" Patrzę na niego ze zdumieniem — zawsze wydawał się taki silny, zaradny, pewny siebie, otoczony ludźmi. A tak naprawdę to nic o nim nie wiedziałam i pewnie dalej wiedzieć nie będę. Bo przecież wszyscy jesteśmy tylko mijającymi się na ulicy przechodniami — idziemy obok siebie, w mroku ulicy, zapatrzeni we własne troski, własną codzienność. Nie próbujemy nawet wzajemnie rozpoznać naszych rysów. Tylko czasem, dzięki słowu, które padnie, ten mrok nagle rozświetli błyskawica.

Moje małe

Dzisiaj młode dziewczyny od niego zaczynają niekiedy swoje dorosłe życie. Teraz dość łatwo jest je zdobyć, ma je już bardzo wielu ludzi. A ja — dopiero od niedawna. Moje pierwsze własne mieszkanie!

Dlaczego tak późno? Czytam wywiad z dziewiętnastoletnią modelką: „Za pierwsze pieniądze kupiłam rodzicom dom" — mówi. Dom? Nigdy nie miałam i nie będę miała domu. Jedyny dom, który mógł być moim, spalono, kiedy byłam mała, a mnie pozbawiono nawet wiary w możliwość posiadania domu. Ale mieszkanie? Byłam artystką na tak zwanym Zachodzie. Wbrew pozorom artyści zarabiają tam nie aż tak wiele, jak się sądzi. Ja zaś byłam raczej specjalistką w wydawaniu niż gromadzeniu. Kiedy zaś nieobliczalny los sypnął czasem większym groszem — bałam się inwestować w nieruchomość, którą, być może, zaraz trzeba byłoby sprzedać, gdyby cygańskie życie zagnało człowieka w inne strony.

Tak więc wędrowałam — mieszkania były cudze, przypadkowe, stale inne. Choć urządzałam je zawsze tak, jakby miały być moje na wieczność. Były bowiem jedyną ojczystą wysepką w morzu obcości. Były namiastką domu, którego nie miałam. Aż okazało się, że można wrócić. Że jest takie miejsce, do którego wrócić warto. Rodzinne moje miasto — Kraków. Początkowo był tylko miejscem ze wspomnień. Także takich:

„Idziemy z mamą wzdłuż ulicy, koło kościoła. Mężczyźni w mundurach stoją na każdym rogu. Obserwują. Mam wrażenie, że ściągają nas wzrokiem. Patrzę w ziemię. Kiedy dzieje się coś niedobrego, mama szybko wciąga mnie do kościoła. Siedzimy tam długo, w półmroku, wpatruję się w wielką figurę Chrystusa na krzyżu. Wychodzimy potem, szczęśliwe, że raz jeszcze się udało. Idziemy rozsłonecznioną ulicą, do domu?, nie, do mieszkania ludzi, którzy nas ukrywają".

A teraz, pół wieku później, szukam wśród tych ulic, wśród kamienic miejsca, które mogłoby być moje. Tylko moje. Znajduję. Na początku jest to tylko plac budowy, poddasze — beton, deski, robotnicy. Mieszkanie ma piękne światło, dużo okien — do Rynku dwa kroki. Może nawet w nocy będzie słychać hejnał? Kupuję. Śmieszne uczucie. Widzę, jak z mojego konta znikają duże pieniądze. Dopełniam formalności. Nic nie czuję. Potem przez długie miesiące czekam i nie wierzę, aby to mogło się udać. Śni mi się, że ktoś mnie oszukał, jak to się czasem słyszy, że robotnicy coś popsuli, że jest brzydko — nie ma podłogi, łazienki i co najważniejsze, nie ma okien. Mijają tygodnie, miesiące. Wpadam tam czasem na chwilę, widzę jakieś rury, deski, gołe cegły. Jestem pytana o różne rzeczy, gdzie co chcę mieć. Wstyd mi się przyznać, że nie wiem. Ale skąd mam wiedzieć? Mieszkanie zawsze było tylko „dane". A teraz będzie moje. Staram się odsunąć ten moment.

W końcu jednak nie mogę już dłużej uciekać — muszę zamieszkać. Przyjeżdżam. Dostaję klucze. Wchodzę. Jestem zdenerwowana, jak nie byłam już chyba od dnia ślubu. I jestem sama. Białe ściany, biała podłoga, tak jak chciałam. Okna pełne błękitu, widok na kościół w świetle zachodzącego słońca. Na razie mam tu tylko łóżko, czajnik elektryczny i pożyczony telewizor, po to żeby rano ktoś chociaż powiedział mi „dzień dobry".

W nocy długo leżę z otwartymi oczami. Nie mogę spać i nie jest to sprawa emocji. Nie, nie słychać tu hejnału. Słychać za to wrzaski. Kiedy zapada zmrok, na mojej ulicy rozpoczynają się zabawy. Są tu trzy sklepy z wódką, jeden otwarty nawet całą noc. Włóczą się więc po mojej ulicy pijaczkowie i wrzeszczą. A jeszcze głośniej ryczą pijani turyści. Ponieważ w Polsce wrzeszczeć wolno. Ponieważ w moim mieście rodzinnym ostatnio wolno wszystko.

Wszędzie, gdzie mieszkałam do tej pory, do takich pijanych rozrabiaczy podeszłaby policja i zapytała grzecznie, w czym może im pomóc — po czym na pewno by skutecznie pomogła. Ale moje miasto zachłysnęło się wolnością. Dlatego po moim mieście włóczą się dzikie tłumy rozszalałych turystów, wdrapują się na pomniki, obsmarowują je lodami, piją. I niszczą wszystko, co da się zniszczyć. Mieszkańcy miasta omijają Rynek — już pogodzili się z tym, że on nie jest dla nich. Tu odbywają się wyścigi w workach, dyskoteki. Na Rynku wolno robić wszystko. To, że jest to jeden z najpiękniejszych i najstarszych placów w Europie, przestało mieć znaczenie. Moje miasto powoli pokrywa się pleśnią — gęstą warstwą odpadków, ohydy i hałasu.

W nocy, kiedy nie śpię, bombardowana pijackimi wrzaskami, myślę o Wenecji, która umiera, zatapia się powoli nie w morzu, lecz w tłumie i brudzie. Czy i w moim mieście, w moim kraju będzie tak samo? Czy wszystkie piękne miejsca zamienią się w obrzydliwy jarmark? „Za dużo myślisz" — mówią mi życzliwi. Ale przecież to mój zawód.

No cóż — na razie trzeba się urządzać, kupować meble, wieszać firanki, przyzwyczajać do myśli, że to małe mieszkanko (bo wyszło w końcu niezbyt wielkie) jest moje. A skoro tak, to mogłabym przecież poskarżyć się gdzieś na hałasy, na pijaków. Mogłabym, ale nie śmiem. Chciałabym mieć psa. Ale czy tutaj wolno? Nie wiem. W głębi duszy ciągle jeszcze jestem emigrantką. Ciągle jeszcze boję się, że ktoś mi to wszystko odbierze. Ale kiedy budzę się rano, widzę wieżę kościoła i uświadamiam sobie, że jest to ten sam kościół, który chronił mnie w dzieciństwie. Bo znalazłam, zupełnie nieświadomie i przypadkowo, mieszkanie prawie tuż obok tego kościoła, w którym ukrywałam się w czasie wojny. Koło się zamknęło. Wróciłam. Ale czy będę umiała tu żyć?

A może już zawsze będę nosiła na sercu tabliczkę podarowaną mi na pewnym festiwalu: „ROMA LIGOCKA — GOŚĆ".

O poranku

Zanim otworzę oczy, witam się z sobą samą. Mam osiemnaście lat, gładką skórę, mnóstwo energii. Zaraz wyskoczę z łóżka, przeciągnę się, zerknę w lustro. Zwiążę włosy w koński ogon, włożę szeleszczącą spódnicę, szpilki... pobiegnę w miasto. Będę udawać, że spieszę się na uczelnię — ale naprawdę pobiegnę znowu na spotkanie: kogoś, czegoś — przygody.

Budzę się na dobre. Siadam na łóżku. Już wiem, że lat mam więcej. Już wiem, gdzie jestem, ale jeszcze nie wiem, kim jestem. Wstaję.

W połowie drogi między łóżkiem a łazienką stoi duże lustro. Muszę się więc przed nim zatrzymać, spojrzeć... Osobę, którą w nim spotykam, skądś znam — znajome rysy, zmęczona twarz, wokół oczu niebieskie cienie. „Witaj, babciu" — mówię. A twarz z lustra patrzy na mnie sceptycznie moimi i jednocześnie babcinymi oczami. „No, nie przesadzaj" — mówi. — „Może nie wyglądasz teraz najlepiej, ale do babci zawsze byłaś podobna. Więc bądź grzeczna, bądź rozsądna, zrób coś, pospiesz się. Idź".

Idę więc. Najpierw do kuchni. Zapach kawy, muzyka z radia. Jak miło! Mam świadomość, że żyję, że nic mnie nie boli, tylko tyle — to wystarczy. Na razie. Jeszcze jest dobrze, jeszcze nie muszę wyjść z domu. Kawa czy herbata? Kawa! A czasem, dla odmiany, herbata.

Dzwoni Zosia. „Cześć, ciociu!" — mówi. Zosia jest córką moich przyjaciół. Lubię, kiedy mówi do mnie: ciociu. Wyobrażam sobie wtedy, że mam dużą rodzinę — siostry, braci — ich dzieci — wszystkie takie ładne i miłe jak Zosia. Zresztą przyjemnie jest być ciocią — zdecydowanie prościej i łatwiej niż mamą. Ostatnio zresztą często zdarza mi się lepszy kontakt z dziećmi przyjaciół niż z nimi samymi i jestem w jakiś sposób z tego dumna, sama nie wiem dlaczego. Zauważam tylko, że prawie każdy pisarz, muzyk czy inny artysta lubi chwalić się, że na jego występy przychodzi młodzież. Jakby dopiero jej obecność była prawdziwą nobilitacją. Jakby nasza własna pozycja, nasze ciężko zdobyte miejsce w świecie dopiero wtedy się liczyło, gdy zaakceptuje je ta czy inna grupa młodych ludzi. Czy może prosta ich obecność i zainteresowanie nam, dorosłym, ujmuje lat? Nie wiem.

Ale wracam do Zosi, która czeka przy telefonie. „Co robisz, ciociu?" „Ach, wiesz, siadam właśnie do pisania felietonu i nie całkiem jestem pewna... może mi pomożesz?" „Ależ chętnie — mówi miły głos w słuchawce — a o czym to będzie?" Zosia właśnie zaczęła studia, interesuje się światem i lubi pomagać ludziom. Taka już jest.

„Widzisz — odpowiadam — są różne modne słowa, które zwalczam, bo nie lubię modnych słów. A jeśli ich nie zwalczam, to przynajmniej próbuję im się przyjrzeć krytycznie. Jest takie słowo: motywacja. Co sprawia, że ją mamy lub nie? Co sprawia, że budzimy się rano i chce nam się wstać z łóżka, pójść dokądś tam — nawet w zimny, pochmurny dzień? Ty musisz to wiedzieć, Zosiu, kto, jak nie ty. Masz przecież te sławne osiemnaście lat...".

„Oj, ciociu — słyszę westchnienie w słuchawce — gdybyś wiedziała... Bardzo często wcale mi się nie chce — a jeszcze jak pomyślę o wszystkich tych książkach, egzaminach i o tym, że w końcu kiedyś może wcale nie będę miała pracy. Wczoraj był właśnie taki dzień: obudziłam się i stwierdziłam, że absolutnie nic mi się nie chce, że nic nie warto, że te całe studia"...

„No? I co było dalej?" — pytam trochę rozczarowana, bo nie tak sobie tę rozmowę wyobrażałam. „Ach, wtedy zawołał mnie mój ojciec, który ma teraz kłopoty w pracy i potrzebuje wsparcia. Więc poszłam z nim porozmawiać".

Zosia szybko mnie opuszcza — biegnie na zajęcia. A ja myślę jeszcze o tym, jak często to my, dorośli, oczekujemy wsparcia od naszych dzieci — jak często to one są mądre, dorosłe i lepiej nas motywują niż my je.

Więc jak to jest? Co budzi nas każdego dnia? Co każe nam codziennie dobrowolnie wstawać? Bez przymusu działać? Co każe nam każdego dnia od nowa podejmować ów nieustający mecz tenisowy? Życie do nas piłeczkę „puk", a my jemu z powrotem „puk! puk!". I tak co dzień.

„Motywacja" — wielkie, modne słowo. A może po prostu odpowiedzialność, obowiązek, przyzwyczajenie. A może jeszcze coś innego, co? Wygrywamy, przegrywamy. Puk! Puk! Puk! Czasem tylko skarżymy się na nazbyt twardą nawierzchnię na korcie, na wysoką siatkę, wiatr wiejący w oczy. Czasem czujemy, że brak nam kondycji. Rzadko przyznajemy się przed sobą, że brak nam techniki, talentu. Oczekujemy wygranej. Nie zgadzamy się z przegraną. Sędzia był winien, bo niesprawiedliwy, jak wszyscy sędziowie!

Czasem ten spokojny mecz tenisowy nagle przemienia się w bieg. Czy uda nam się dobiec przed innymi? Wiemy przecież, że nie ma biegu bez tych, którzy wygrywają, i tych, którzy ostatni dotrą do mety. A ja? Czy uda mi się chociaż utrzymać gdzieś w środku? Poranek ciągle jeszcze trwa, ale już trzeba wyjść, zatrzasnąć drzwi, pozostawić za sobą ciepły, pachnący kawą dom. Podnoszę kołnierz płaszcza. Przemywam wciąż jeszcze zaspane oczy — chłodnym powietrzem, deszczem, skrawkiem nieba.

Już na ulicy, walcząc z wiatrem, który koniecznie chce mi wyrwać parasol, myślę o tej najbardziej zdumiewającej z ludzkich cech — umiejętności zaczynania wszystkiego od nowa. Nie tylko w ważnych momentach, nie tylko na wiosnę — po prostu co rano, codziennie. I zastanawiam się, czy nie kieruje nami po prostu ciekawość. Maszeruję więc w świetle poranka zadeszczoną ulicą, ciekawa, co też się wydarzy. Wyruszam tak, jak codziennie na tę trudną ekspedycję naukową, którą jest moje życie. Odkrywam nowe i nieznane lądy, które są we mnie. Staram się zachować ową ciekawość świata — staram się jej nie zgubić. I to jest właśnie mój poranek, moja wiosna — i pewnie jedyna moja motywacja.

Ona i ja

Umawia się ze mną na rozmowę. W kawiarni oczywiście, no bo gdzie? Nie ma lepszego miejsca na rozmowę niż stara krakowska kawiarnia, mroczna i przytulna, taka jaką obie znamy od dziecka.

Przychodzi, siada, zamawia kawę. Charakterystycznym ruchem rozciera wiecznie zmarznięte dłonie. Widzę ją wprawdzie każdego dnia, ale na co dzień podglądam ją tylko nieśmiało, z boku, ukradkiem — tak aby za wiele nie zobaczyć. Wiem, że trochę boi się mojego ostrego spojrzenia.

Teraz mam okazję, aby lepiej jej się przyjrzeć. Po to mnie tu zaprosiła. Jesteśmy sobie bliskie, ale ona najczęściej ucieka od rozmowy, zbywa mnie byle czym. „Później z tobą porozmawiam — mówi często — nie teraz". Czasem woli rozmawiać z obcymi niż ze mną. Niekiedy wydaje mi się, że dobrze ją znam, a czasem…

„Ta kawa na pewno jak zwykle będzie niedobra — zimna i gorzka" — mówi i aż się wzdraga już na samą tę myśl. „Wybacz mi te kaprysy" — dodaje przepraszająco. „Po prostu mój żołądek nie lubi już pić ani jeść byle czego. Żołądek to nie śmietnik — jak mawiał mój wujek, przedwojenny żydowski doktor z Dąbrowy... Dobra kawa zaś nie powinna być gorzka, nie lubię goryczy...". No tak, teraz rozgada się na temat kawy — czekam cierpliwie, wiem, że za chwilę jej to przejdzie.

„Kawa powinna być gorąca, słodka, mieć delikatny posmak czekolady albo orzechów — w zależności od kraju, z którego pochodzi, klimatu — czasem smak migdałów lub leśnych owoców..." — rozmarzyła się.

A ja tymczasem zastanawiam się, jak ją opisać — zanim zapytam o stan jej duszy. Ładna? Dziś należałoby już dodać: jak na swoje lata. Drobna, dość szczupła, choć ona oczywiście zawsze twierdzi, że nie dosyć. Włosy prawie jeszcze bez siwizny — ciemne, długie, dzięki czemu udaje się jej uniknąć tak charakterystycznego dla pań w dojrzałym wieku półmęskiego wyglądu. Ciemne oczy, bardzo charakterystyczne w jej twarzy. „Żydowskie oczy — mawiano w getcie — zawsze ją zdradzą". Potem te oczy szczególnie podobały się mężczyznom.

Teraz, kiedy wspominam o oczach, od razu protestuje: „Dawniej były naprawdę ładne, duże, ciemnobrązowe. Nigdy bym nie uwierzyła, że tak zmniejszają się z wiekiem. Dziś już przypominają mi oczy mojej babci — znam je ze zdjęć — są jak małe czarne oliwki".

Uśmiecha się do mnie leciutko. Bardzo to cenię, że potrafi się jeszcze do mnie uśmiechać, choć towarzyszę jej uporczywie na wszystkich drogach, i nie tylko w dobrych chwilach...

Ubrana jest raczej kolorowo i wesoło — ale trochę się garbi. „Nie garb się" — przypominam. „Czekam na twoje pytania" — odpowiada. A ja nagle się płoszę. Już nie wiem, czy to rzeczywiście dobry pomysł — tak ją tu publicznie przepytywać. „Przecież sama cię tu zaprosiłam — uspokaja. — Może dlatego, że ja też chciałabym się czegoś o sobie dowiedzieć. Więc pytaj".

Wyprostowuje się i patrzy na mnie wyczekująco.

JA. Skąd pomysł tej rozmowy?

ONA. Myślę po prostu, że trzeba się od czasu do czasu spotkać, porozmawiać. Działamy na tylu polach, walczymy na tylu frontach — rzadko mamy okazję przyjrzeć się sobie. A może od takiego spojrzenia coś nowego zaczyna się w życiu?

JA. Ale pomysł nienowy...

ONA. Pomysł nienowy, na pewno miał go już ktoś przede mną. Nie ma już nowych pomysłów. Jest tylko bardziej lub mniej rzetelne podejście do tematu. A u mnie zaczęło się to parę lat temu, kiedy moja pierwsza książka ukazała się w Hiszpanii.

Pewne duże hiszpańskie pismo poprosiło mnie wtedy, abym napisała dla nich coś o sobie i o książce. Odpowiedziałam, że to „coś o sobie" właśnie jest napisane w książce. Trochę mnie rozzłościli, więc dodałam, że jeśli nie chce im się pofatygować do mnie na rozmowę — to ja mogę zrobić to sama. I tak powstał ów pierwszy wywiad, nazywał się *The Taste of Chocolate* — czyli „Smak czekolady" — i był parokrotnie drukowany. To było wtedy, dziś jestem o kilka lat starsza — ciekawe, czy mądrzejsza.

JA. A ja myślałam, że to pod wpływem Oriany Fallaci.

ONA. Książki Oriany Fallaci, szczególnie te ostatnie, mam i czytam wielokrotnie. Oddziałały mocno na moje postrzeganie świata... Ale Oriana jest osobą poważną i pisze o poważnych sprawach. A ja mniej. Nic na to nie poradzę. Zawsze byłam trochę niepoważna, trochę niedouczona — więc i nasza rozmowa będzie tak pół żartem, pół serio.

JA. Czy jest coś, za co siebie szczególnie cenisz?

ONA. Nie wiem. Nie wiem i cierpię z tego powodu — tak jak wszystkie chyba dzieci Holocaustu. Jeśli na kogoś polowano w dzieciństwie jak na dzikie zwierzę, jeśli odmawiano jemu i jego bliskim prawa do życia... Jeśli oczy były zbyt czarne, nazwisko niedobre, bo obco brzmiące... Jeśli później nigdy nie było żadnej terapii... Ale dosyć.

O Holocauście mówię we wszystkich moich książkach — co zrobił z moim życiem, co zmienił w mojej głowie. Dosyć. Na razie więcej nie mogę. Kiedyś przeczytałam w piśmie kobiecym takie pytanie: „Zastanów się, za co lubisz siebie najbardziej". I odtąd czasem się nad tym zastanawiam.

Ja. Dlatego że…?

Ona. Dlatego że wcale nie jestem pewna, czy siebie lubię — a już zupełnie nie wiem za co.

Ja. No to może razem coś wymyślimy?

Ona. Nie warto. Nie wiem, czy koniecznie musimy siebie lubić. Myślę, że nie o to chodzi. Trzeba siebie znać i jakoś starać się dojść ze sobą do ładu. Po prostu ze sobą wytrzymywać. Taka radosna i bezgraniczna akceptacja siebie samego chyba nie istnieje — to jest może tylko wymysł terapeutów.

Ja. Dobrze. Ale rozmawiamy o tobie. Nie obawiasz się, że będziesz chciała usłyszeć tylko rzeczy dobre?

Ona. Widzisz, ja mam taką cechę — to może akurat jest jedna z tych lepszych, choć pewnie też nie zawsze — że chętnie mówię prawdę. Niezależnie od tego, z kim i o czym rozmawiam. Kłamstwo szalenie rzadko przychodzi mi do głowy. Po prostu nie chce mi się mówić nieprawdy. Na kłamstwo szkoda czasu. Na samookłamywanie się szkoda życia.

Ja. Czyli można by po prostu powiedzieć, że zawsze jesteś sobą?

Ona. Zawsze. I pewnie ze wszystkim już miałam w życiu kłopoty, tylko nie z własną tożsamością. Nigdy nie czułam, że muszę się zrealizować, spełnić, odnaleźć własne ja. Przecież sama nasza obecność na tym świecie jest cudem. Po prostu chciałam tylko być. No i żeby to nie bolało.

Ja. A jeśli robiłaś głupstwa?

Ona. To nigdy nie usprawiedliwiałam ich tym, że musiałam „szukać siebie". Ja zawsze tylko szukałam kogoś drugiego.

Ja. I nie znajdowałaś?

Ona. Przecież wiesz, że nie. I wiesz, jak dzisiaj trudno się do tego przyznać.

Ja. Byłaś dzieckiem wychowywanym w strachu.

Ona. Byłam młodą kobietą nieświadomą własnych uroków — pełną lęków i słabości. Skąd miałam wziąć przekonanie, że jestem warta kochania?

Ja. Ale przecież musiał być ktoś, kto chciał cię kochać mimo wszystko.

Ona. Byli. Ale ja zawsze lękałam się, że będzie to trwać tylko chwilę. Że zaraz dowiedzą się o mnie czegoś, co ich odstraszy, jakiejś nie znanej mi bliżej „prawdy". A wtedy bardzo szybko im przejdzie. Sama to przywoływałam. No i tak się rzeczywiście kończyło.

JA. No a dziś? Jak myślisz, na jakim etapie życia jesteś?

ONA. Czekałam na to pytanie. Człowiek powinien dużo częściej zatrzymywać się w pół kroku, zawieszać głos w połowie zdania i pytać siebie, sprawdzać, czy droga, którą idzie, to dobra droga, czy słowa, które właśnie chciał wypowiedzieć, są jego własnymi słowami. Czy jeszcze jest aktorem w sztuce, którą sam pisze, czy tylko marionetką, przez kogoś innego pociąganą za sznurki. Myślę, że dopiero dziś...

JA. Późno, ale nie za późno...

ONA. ...uczę się korzystać z tego bezmiaru wewnętrznej wolności, którą człowiek ma w sobie, ale tak często nie zdaje sobie z tego sprawy.

JA. Mówisz o wolności. Ale piszesz o świecie w sposób taki jakiś ugodowy. Nie angażujesz się w żadne spory. Nie masz temu światu nic za złe? Przecież jesteś wielbicielką Oriany Fallaci.

ONA. To prawda. I nieraz mówię sobie w duchu: wybacz, Oriano. Ja może „powalczyłam sobie" już w dzieciństwie. Trzeba umieć złościć się — ale złościć doraźnie — tak aby nie stracić z oczu całego tego dobra, które jest nam ofiarowywane każdego dnia. To trochę tak, jak kiedy siedzimy w samolocie — słyszymy tylko szum, czujemy się nieswojo, trochę się boimy. Dopiero kiedy na monitorach pokaże się mapa świata — widzimy, dokąd lecimy i jaką już przebyliśmy drogę.

Ja. Ale kiedyś kusiła cię polityka.

Ona. Artyści mają czasem takie ciągoty, żeby zająć się czymś innym, bardziej konkretnym, bardziej poważnym niż sztuka. Wydaje im się, że są światu coś dłużni. Wydaje im się, że to, co robią, przychodzi im zbyt łatwo. Szybko zapominają o wszystkich bezsennych nocach, o bólu, samotności. Wydaje się im, że to zbyt łatwe opisywać świat, podczas gdy inni go zmieniają. Ale ja szybko zrozumiałam, że sama mogę być tylko obserwatorem, że pomóc mogę tylko od czasu do czasu i tylko pojedynczemu człowiekowi — a i to już jest wielkim szczęściem.

Ja. Kiedy czytasz pamiętniki wielkich ludzi — spostrzegasz, że ich przygody polityczne szybko bledną, natomiast ich życie osobiste jeszcze i dziś wydaje nam się interesujące i bliskie.

Ona. Co nie zmienia faktu, że póki żyjemy, tkwimy w środku tego wszystkiego. Nikomu nie wolno powiedzieć, że go świat nie interesuje, nie obchodzi — nikomu nie uda się ukryć. Dziś pukają do drzwi sąsiada — jutro mogą zapukać do ciebie. Kimkolwiek mieliby być ci, co pukają. Tak dobrze nam się żyje, w miarę dostatnio, wygodnie. Nie chcemy wiedzieć, że na świecie jest wojna — taka dziwna wojna, o której istnieniu trzeba nas stale na nowo przekonywać.

Ja. Dziś za ciebie mówi Oriana Fallaci.

ONA. A ja trochę ukrywam się za nią. To ona mówi głośno, krzyczy, płacze. A ja rozglądam się dokoła i zastanawiam, jak długo jeszcze będziemy mogli tkwić na tych naszych wysepkach spokoju i szczęśliwości. Jak długo będziemy musieli — po to aby zachować ten spokój — za wszystko przepraszać i ze wszystkiego się tłumaczyć. Chciałabym umieć bronić naszej cywilizacji, naszej kultury — ale nie jestem Orianą — jestem tylko sobą. Więc już może nie pytaj mnie o politykę...

JA. Tak ci się przyglądam — jesteś ubrana barwnie, nie całkiem poważnie. Lubisz kolory.

ONA. Lubię stroje — mogłabym mówić o nich w nieskończoność. Kiedy pracowałam w teatrze, zauważyłam, jak bardzo aktor zmienia się pod wpływem stroju. To przecież najlepsza kryjówka przed światem, jaką człowiek sobie wymyślił. Póki mamy ten przez siebie wymyślony strój – czujemy się ważni i bezpieczni. Pomyśl — co się z nami dzieje, kiedy nam ten strój odbiorą...

A kolory? Mieszkanie mam białe — ponieważ kocham kolor, nie zagłuszam go, pozwalam mu żyć. Niebieska filiżanka na białym stole — zielone gałązki w przezroczystym dzbanku na tle różowiejącego niebieskiego nieba... kocham kolor, żyję nim. Moje dzieciństwo było jakby wyprane z koloru, szare — jak stary czarno-biały film. Do dziś tak je wspominam. Może dlatego zaczęłam malować — kiedy odkryłam magię koloru, jego siłę przyciągania. Tak jak dzieci, które wcześnie odkrywają magię dźwięku — często stają się muzykami. Do dziś różne okresy mojego życia pamiętam w różnych kolorach. Do dziś pamiętam też kolory moich sukienek z dawnych lat. Do dziś, kiedy umawiam się z kimś na spotkanie, zaraz wiem, jak się ubiorę — jakim powitam go kolorem. I to nie jest próżność — po prostu staram się wyobrazić sobie to spotkanie, kolorem wyznaczyć jego klimat... głupie to może, ale czy artysta zawsze musi być mądry?

Ja. Ciągle jeszcze mnie zadziwiasz. Tyle w tobie lęku, jak sama mówisz, niewiary w siebie. A jednak taka afirmacja życia. Te twoje stroje, kawy, kolory... Te twoje wszystkie podróże...

Ona. Zapytaj kogoś, kto coś trudnego w życiu przeżył — pewnie odpowie ci tak samo. Człowiek, którego życie było poważnie zagrożone, naprawdę wie, że w każdej chwili może być znowu zagrożone. I broni się przed tym taką intensywną, rozpaczliwą wprost afirmacją życia — we wszystkich jego przejawach: książka na stole, zapach czekolady, jedwabna sukienka, wyjazd nad morze...

Ja. Rozmarzyłaś się znowu...

Ona. Trzeba mieć marzenia. Nie ma lepszej terapii. Religia od święta — a na co dzień marzenia. Ale trzeba je też realizować — aby zrobić miejsce na nowe.

Ja. Zapominasz, że potrzeba do tego także pieniędzy. Nie masz talentu do zarabiania pieniędzy.

Ona. Widzę, że chcesz mnie rozłościć. Pewnie, że nie mam. Po prostu nie umiem liczyć. Pamiętam, że większość lekcji matematyki w szkole spędziłam pod ławką, coś tam sobie rysując i ukrywając się przed wzrokiem nauczycielki. Do dziś się pod tym względem niewiele zmieniłam.

Ja. Zdaje mi się nawet, że do dziś nie wiesz, ile dokładnie kosztowało twoje krakowskie mieszkanie, choć było to dużo jak na twoje możliwości.

Ona. Wiem tylko, że strasznie się wtedy tą transakcją przejmowałam, ale potem — wydałam pieniądze i zapomniałam. Cieszę się, że ono jest, choć ciągle jeszcze trudno mi uwierzyć, że jest moje. To taka dziwna rzecz: własność. Uczysz się tego w dzieciństwie. Kiedy pierwszy raz powiesz słowo: moje. A jeśli nic nigdy nie było twoje — to już nigdy twoim nie będzie.

Ja. A gdybym była złotą rybką?

Ona. To tak jak z pytaniem o bezludną wyspę. Na bezludną wyspę nie zabrałabym nic — bo nie można wybierać tylko jednej rzeczy. A chcieć trzeba wszystkiego naraz, bo szczęście jest w wielości... Złota rybka nie miałaby ze mną kłopotów. Pragnę tego, czego pragnie większość ludzi.

Ja. Ale czego najbardziej?

Ona. W tej chwili to chyba najbardziej domu. Dopiero teraz widzę, jak bezdomna byłam przez te wszystkie lata. Przez większą część życia nawet nie wiedziałam, gdzie ten dom miałby się znajdować. Dom — nie mieszkanie. Dom — jakiś kawałek przestrzeni, która do ciebie należy — twoje miejsce na ziemi... Przeczytałam niedawno o tym, jak starzy ludzie głaszczą poręcz schodów, po których chodzili przez dziesiątki lat — nawet nie umiem ci powiedzieć, jak mnie to wzruszyło. Bo ja nie mam takiej poręczy do głaskania...

Ja. Lęk przed starością?

Ona. Może to lęk, a może bardziej protest. Przeciw starości warto protestować, warto się jej opierać — nie od razu się na nią zgadzać. Jeśli się da, to nawet z nią walczyć. Starość to nie jest wiek aż tak bardzo złoty.

Ja. A czy nie jesteś zmęczona?

Ona. Często mnie o to pytają — sama siebie pytam. Ale nie jestem, choć pewnie powinnam być. A jeśli tak, to są to tylko krótkie, króciuteńkie chwile. Nie nudzę się, świat mnie nie nuży, nie zniechęca. Może dlatego, że jestem przekorna. I ciekawa.

Ja. Teraz zadam ci takie pytanie — tylko proszę, nie ucieknij mi — pytanie bolesne, szczególnie gdy zadaje się je komuś, kto przeżył getto. Mimo to je zadam. Powiedz mi, jakie były naprawdę najtrudniejsze momenty w twoim życiu.

ONA. Przypominasz mi młodą angielską dziennikarkę, która w słoneczny dzień, rano, w pięknym londyńskim hotelu, przy kawie — kazała mi opowiedzieć najstraszliwsze sceny z getta i jeszcze domagała się, bym zrobiła to szybko, bo miała niewiele czasu...

JA. Wiem, ale dziś rozmawiasz ze mną, nikt nas nie słucha — czy potrafisz opowiedzieć, co było naprawdę najboleśniejszym twoim przeżyciem? Jeśli chcesz, to nawet tego nie zapiszę.

ONA. Powiem. I możesz to oczywiście napisać. Było to uzależnienie od leków — a szczególnie wychodzenie z niego. Ciągle do tego wracam — pytana czy nie pytana. Nie jest to może temat do rozmowy w kawiarni — nawet takiej intymnej rozmowy jak nasza. Ale nie mogę inaczej odpowiedzieć na twoje pytanie. Bo to było zło, które sama sobie wyrządziłam. Cierpienie, na które sama siebie skazałam. Sama też musiałam się uwolnić. Czuję, że powinnam o tym mówić, może jeszcze o tym pisać — tak długo, jak długo spotykam ludzi, szczególnie kobiety, które przeżywają to dziś, właśnie teraz.

JA. Więc jak byś sama siebie określiła? Jesteś czasem tak ryzykownie szczera — a jednocześnie dość nieśmiała i zamknięta. Żyłaś długie lata w pewnej izolacji — ciągle jeszcze żyjesz w środowisku niemieckim. Nie zapytam cię, dlaczego najczęściej piszesz po niemiecku. Wiem, że już cię drażni to pytanie. Obie wiemy, że pisać można w dwóch językach, nawet w trzech, i nie jest to aż tak wielka sztuka. Ale zapytam o co innego: żyjesz w środowisku niemieckim, które uchodzi za zamknięte, hermetyczne właśnie…

ONA. Myślę, że udało mi się do niego przeniknąć w stopniu największym, jak to było możliwe. Czasem traktowałam to niemal jak sportowe wyzwanie. Nie akceptujecie mnie? Nie kochacie? Nie podoba wam się mój akcent? A ja sprawię, że będzie inaczej. Ale czasem czułam się głęboko bezradna, odrzucona. Nieraz ciężko o tę akceptację walczyłam. W sumie chyba za wiele życia jej poświęciłam. Dzisiaj myślę, że udało mi się ją zdobyć w takim stopniu, w jakim udać się mogło. A przy okazji i ja stałam się trochę hermetyczna. Już nie muszę przynależeć ani tam, ani tu — do nikogo. Ale dobrze się stało, że możemy sobie siedzieć i rozmawiać tu, w Krakowie, a nie na przykład w Berlinie… Popatrz, robi się późno — może zakończyć na tym?

JA. Już? A myślałam, że to dopiero wprowadzenie…

ONA. Teraz, kiedy już wiemy, że takie rozmowy są nam potrzebne, może będziemy spotykały się częściej? A jeśli porządnie je zapiszesz — to może przydadzą się jeszcze komuś innemu? Choćby jednej jedynej osobie, tej, której nigdy nie odpowiedziałyśmy na list, albo tej, której nigdy nie poznamy...

Płaci. Ubiera się i kieruje w stronę wyjścia. Trochę rozkojarzona, trochę niezgrabna w ruchach — potyka się o swój szalik, potem gubi rękawiczkę. Jakiś pan zrywa się od sąsiedniego stolika, żeby ją podnieść. Poprawia okulary, rozgląda się, czy czegoś nie zapomniała, przecież zdarza jej się to tak często. Otwiera drzwi kawiarni i wystawia twarz na podmuch wiatru. Znowu się garbi — kuli w sobie. Wiem, jak nie znosi zimna.

Patrzę na nią, jak ostrożnie schodzi po kamiennych schodkach. Ma słaby wzrok — wydaje się krucha. Ale wiem, że nie jest bezbronna. Może nawet jest silna — choć nieczęsto zdaje sobie z tego sprawę. Czy sobie poradzi? Jej życie nie będzie łatwe, nigdy łatwe nie było.

A ja? Będę się nią opiekować. Jestem jej potrzebna. Będziemy się tak od czasu do czasu umawiać w krakowskiej kawiarni. Jeśli będzie trzeba, pomogę jej. I nigdy nie przestanie mnie interesować owa tajemnicza, wciąż nieodgadniona osoba. Roma Ligocka — ja.

Notka redakcyjna

Zebrane w tomie teksty — oprócz *Ona i ja*, który został napisany specjalnie do niniejszego wydania — były drukowane na łamach miesięcznika „Pani" w latach 2004–2006. Na potrzeby tej edycji zostały przejrzane i zredagowane.

Książka została zilustrowana szkicami, które autorka często wykonuje podczas pracy nad tekstem.

Spis treści

Piękne motyle   7
Spal wszystkie kalendarze   12
Daj mu, czego pragnie   16
Innej wiary   20
Pożądaj, ale nie zabijaj   25
Pomyłka   30
Laura   34
Dzień turysty   38
Weselny strój   43
Sąsiad Pana Boga   48
Dorotka i miłość   53
Mała, urocza plaża   58
Zanim zadzwoni telefon…   64
Odcienie miodu   69
Artysta mówi…   74
Wizerunek   79
Pan z telewizji   83
Trudne czy piękne   88
Na kolanach kanclerza   93
Jesień i smak czekolady   98
Pani z pokoju 520   103
Znajoma z lustra   108
Czułość   112
Czy pani mieszka sama?   117

O tym, czego nie było 121
Pszczółka 126
Moje małe 131
O poranku 136
Ona i ja 141

Notka redakcyjna 157

© Copyright by Roma Ligocka
© Copyright by Wydawnictwo Literackie, Kraków 2006

Wydanie pierwsze

Redakcja
Krystyna Zaleska
Katarzyna Krzyżan-Perek

Korekta
Henryka Salawa
Barbara Wojtanowicz

Projekt okładki i stron tytułowych
Jakub Boneral

Redaktor techniczny
Bożena Korbut

Printed in Poland
Wydawnictwo Literackie Sp. z o.o., 2006
ul. Długa 1, 31-147 Kraków
bezpłatna linia telefoniczna: 0 800 42 10 40
księgarnia internetowa: www.wydawnictwoliterackie.pl
e-mail: ksiegarnia@wydawnictwoliterackie.pl
fax: (+48-12) 430 00 96
tel.: (+48-12) 619 27 70
Skład i łamanie: Scriptorium „TEXTURA"
Druk i oprawa: Drukarnia DEKA

ISBN 83-08-03868-9

Roma Ligocka
w Wydawnictwie Literackim

Tylko ja sama

OPRAWA TWARDA
CENA 39,99
ISBN 83-08-03654-6

OPRAWA BROSZUROWA
CENA 32,99
ISBN 83-08-03646-5

O swoim niezwykłym spotkaniu z nieżyjącym ojcem,
o trudnej walce o jego dobre imię,
o niełatwej miłości do ukochanego mężczyzny,
   miłości, na którą zawsze jest się wystarczająco młodym,
o podróżach i wielkim świecie,
o tym, czym jest szczęście i zgoda na samą siebie,
pisze w swojej książce Roma Ligocka.

Jednocześnie autorka odkrywa wstrząsającą tajemnicę rodzinną, w której szczególną rolę odegrał jeden z jej najbliższych krewnych.

Tylko ja sama to piękna i intrygująca opowieść o życiu.

Wszystkie książki Wydawnictwa Literackiego
można zamawiać poprzez:
Internet www.wydawnictwoliterackie.pl
bezpłatną infolinię 0 800 42 10 40

Roma Ligocka
w Wydawnictwie Literackim

Kobieta w podróży

OPRAWA BROSZUROWA
CENA 29,99
ISBN 83-08-03285-0

Roma Ligocka patrzy na świat. Piękny, okrutny, bezmyślny, śmieszny. Miniony, niedawny, dzisiejszy. Obserwacje i wspomnienia składają się na niezwykłą opowieść.

Współistnieją w niej zdarzenia zabawne i tragiczne, przewijają się rozmaite miejsca – Kraków, Wiedeń, Monachium; spotykają się postaci dawno nieżyjące i ludzie obecni w życiu autorki. Roma Ligocka z żartobliwą nostalgią wspomina czasy, gdy nie miała grosza przy duszy, ale za to jadła obiad z księżną Monako. Kreśli barwne portrety przyjaciół, członków rodziny, męża – artysty, ale i osób nieznajomych czy wręcz nieprzyjaznych. Kieruje ostrze ironii zarówno przeciw uprzedzeniom rasowym, jak i wybiórczej politycznej poprawności.

Wszystkie książki Wydawnictwa Literackiego
można zamawiać poprzez:
Internet www.wydawnictwoliterackie.pl
bezpłatną infolinię 0 800 42 10 40